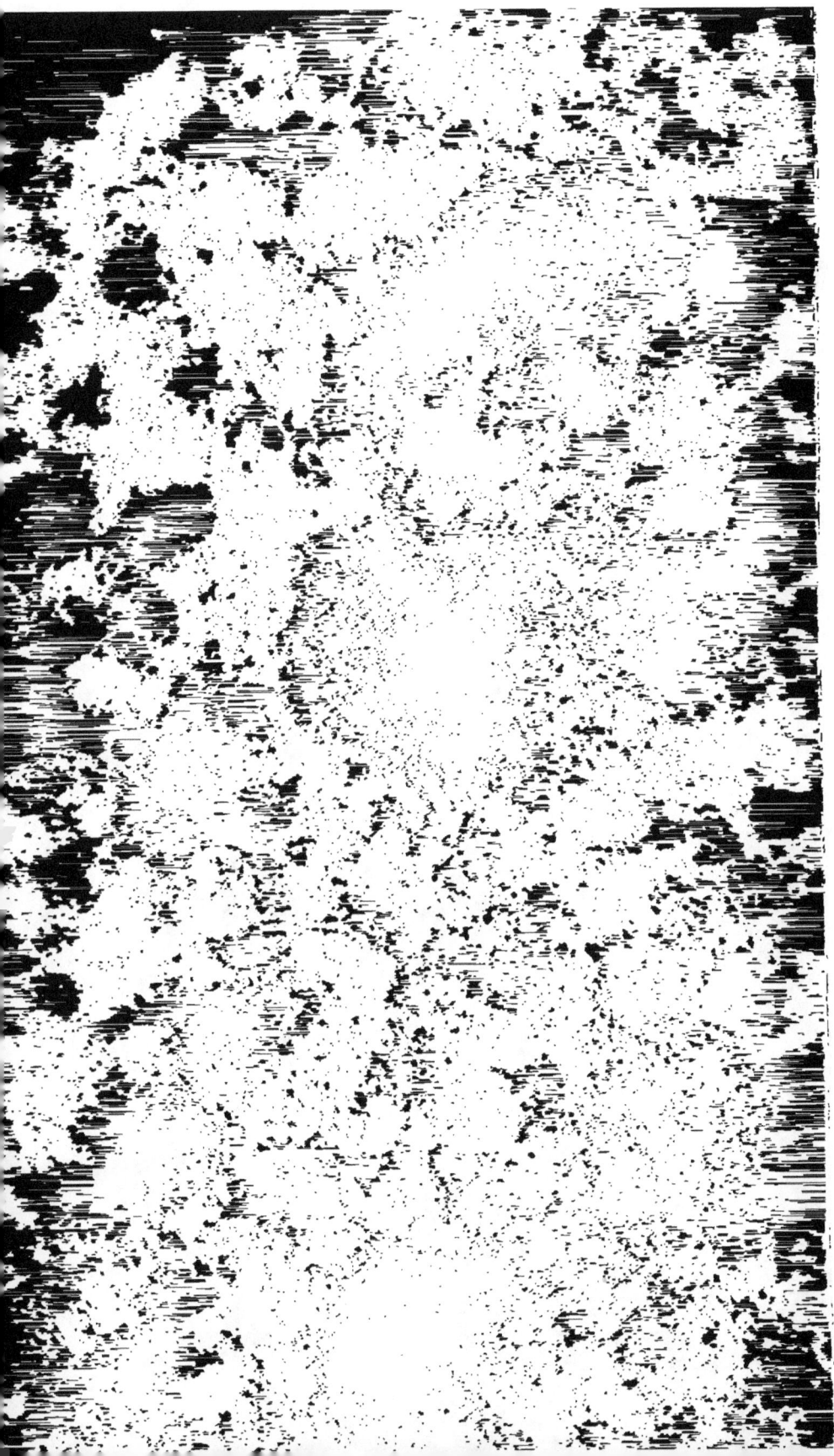

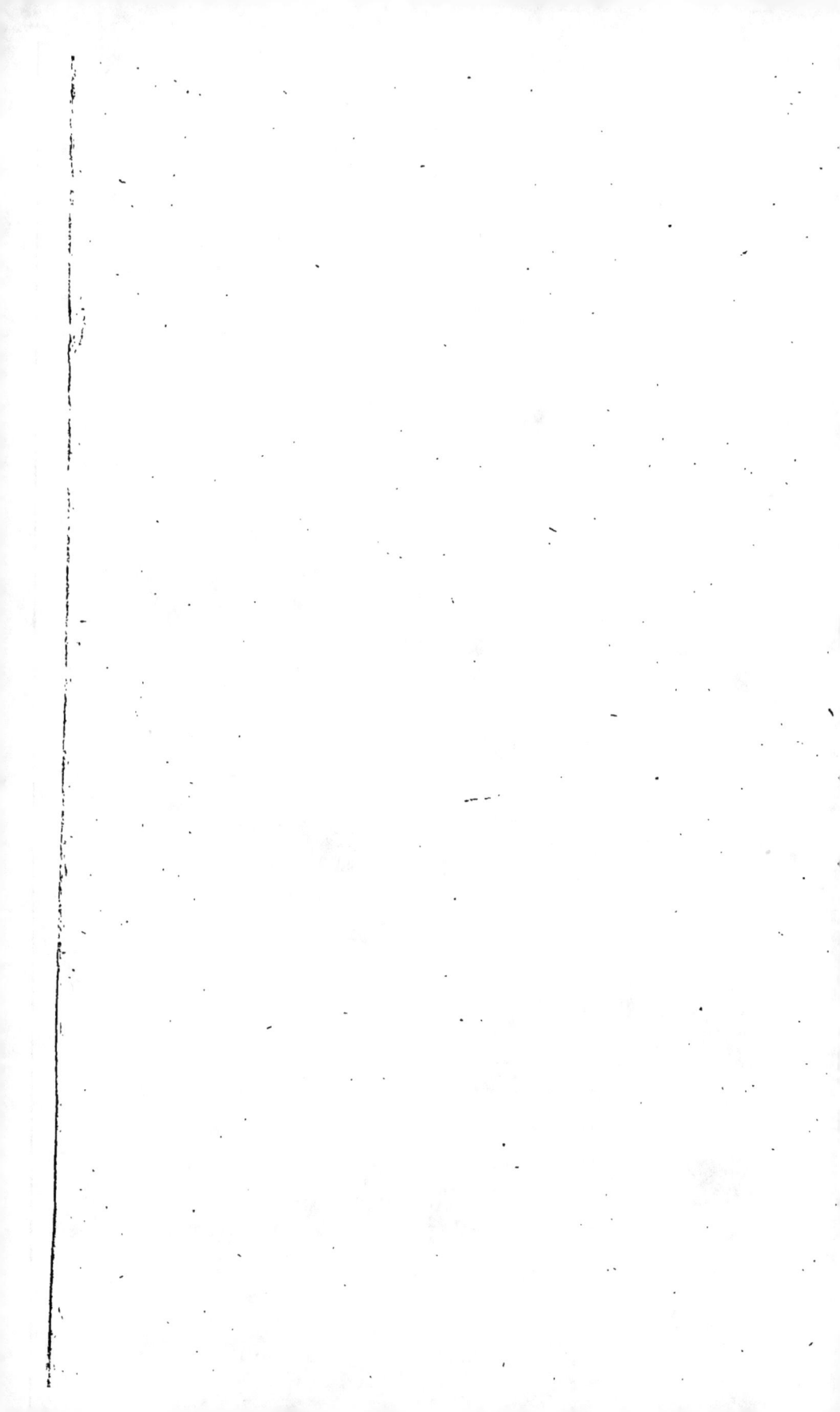

HISTOIRE

DU MARÉCHAL DE

VILLARS

Par l'auteur de l'*Histoire de Louis* XIV

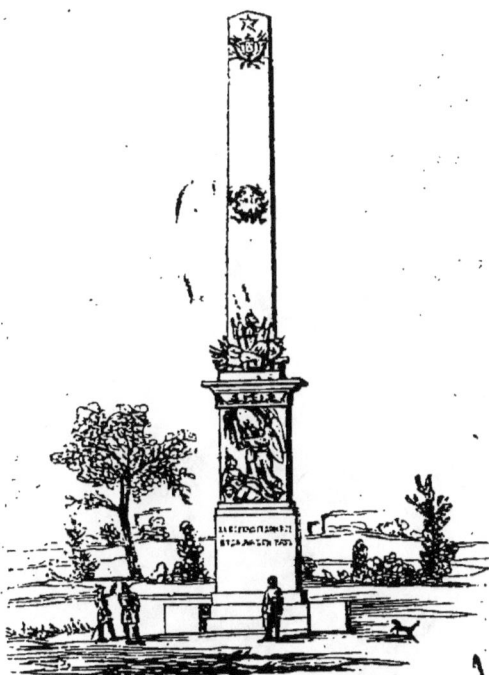

Monument érigé en 1823.

LILLE

L. LEFORT, IMPRIMEUR - LIBRAIRE

VILLARS

A LA MÊME LIBRAIRIE :

Le **Soldat chrétien**, (saint Maurice). in-18. fig.

Les **Soldats sanctifiés**. in-12. fig.

Histoire de Godefroi de Bouillon. in-12. fig.

Charles de Blois. in-12. fig.

Histoire de Du Guesclin. in-12. fig.

Histoire du chevalier Bayard. in-12. fig.

Histoire de Pierre d'Aubusson. in-12. fig.

Histoire du brave Crillon. in-12. fig.

Histoire de Turenne. in-12.

Histoire du maréchal de Villars. in-12. fig.

Histoire de Vauban. in-12. fig.

Histoire du grand Condé. in-12. fig.

Vie du maréchal de Boufflers. in-18. fig.

Vie de François-Philibert *dit Lafeuillade*. in-18. fig.

Sobieski, roi de Pologne. in-18. fig.

Vie du général Drouot. in-18. fig.

Histoire de Napoléon. in-12. fig.

Les **Guerriers les plus célèbres**. in-12. fig.

Souvenirs de l'armée d'Orient. in-12. fig.

Le **Siège de Sébastopol**. in-12. fig.

Histoire de Charlemagne. in-12. fig.

Histoire de Philippe-Auguste. in-12. fig.

Histoire de saint Louis. in-12. fig.

Histoire de Henri IV. in-12. fig.

Histoire de Louis XII. in-12. fig.

Histoire de Louis XIV. in-12. fig.

Les **Marins les plus célèbres**. in-12. fig.

—◦◦◦◦—

est bon qu'elle le voit mourir en chrétien.

HISTOIRE

DU MARÉCHAL DE

VILLARS

Par l'auteur de l'*Histoire de Louis XIV*

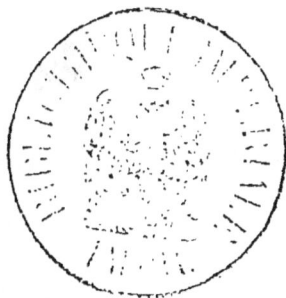

Monument élevé à Denain en 1787

LILLE

L. LEFORT, IMPRIMEUR - LIBRAIRE

1857

L'honneur militaire est peut-être celui qui, depuis les temps les plus reculés, s'est le mieux conservé intact; et c'est là sans doute un des motifs de l'intérêt qui s'attache à ses annales.

Si la force guerrière fait la sûreté des empires, la fidélité à Dieu et au souverain font les éléments de la prospérité des peuples, la base de la société et la gloire des armes.

Tel est le caractère que l'on retrouve dans

les guerriers dont nous avons publié l'histoire, caractère qui les a rendus capables de
tous les genres d'héroïsme.

Dans les premiers siècles du christianisme,
un nombre considérable de soldats, des légions
romaines tout entières, fulminantes et invin-
cibles devant l'ennemi, se présentèrent sans
défense devant les persécuteurs et donnèrent
généreusement leur sang pour leur foi, et
la chaîne de ces héros de la bravoure et de
la sainteté s'est perpétuée à travers les âges
jusqu'à nos jours [1].

Aux noms glorieux des Théodore, des
Polyeucte, des Maurice, des Victor, des
Georges, des Martin, viennent se joindre les
Charlemagne et les paladins du moyen-âge,

---

[1] *Les Soldats sanctifiés,* tableau historique depuis le 1er siècle
de l'Eglise jusqu'à nos jours. 1 VOL. IN-12. LILLE.

les Godefroy de Bouillon , les Louis ix et
leurs intrépides compagnons des croisades ,
les Charles de Blois et ses valeureux bretons ,
les Charles-le-Bon et ses guerriers flamands ,
les Du Guesclin , les Bayard , les Pierre
d'Aubusson et l'intrépide phalange des che-
valiers de Malte et de Rhodes, Henri iv et
Crillon , Louis xiv et sa couronne de grands
capitaines : Turenne, Condé, Boufflers, Vauban, Sobieski l'honneur de la Pologne , La
Feuillade le modèle du soldat , Drouot la
gloire chrétienne des guerres de l'empire [1].
Puis les Montmorency , les Joinville , les
Boucicaut, les Fabert, les Luxembourg, les
Catinat , les Moncey , les Desaix , les Cam-
bronne , et les nobles héritiers de la gloire

[1] La vie de chacun de ces grands princes et de ces grands
capitaines a été publiée séparément. LILLE. VOL. IN-12 OU IN-18.

et de la bravoure de leurs aïeux qui, de nos jours sur la terre de Crimée, ont ajouté un si noble éclat aux armes de la France [1].

C'est dans le but d'inscrire un nom de de plus en cette glorieuse galerie, que nous publions aujourd'hui une histoire du maréchal de Villars, à qui la France fut, en 1712, dans les plaines de Denain, redevable de la conservation de l'intégrité de son territoire.

[1] *Les Guerriers les plus célèbres.* 1 VOL. IN-12. — *Les Vertus militaires.* 1 VOL. IN-12. — *Le Siége de Sébastopol.* 1 VOL. IN-12. — *Souvenirs de l'armée d'Orient.* 1 VOL. IN-12. Tous ces ouvrages sont de l'éditeur de l'*Histoire de Villars*.

VILLARS

CHAPITRE I

Famille du maréchal de Villars. – Incertitude sur le lieu de sa naissance. – Son éducation. – Ses projets d'avenir – Son voyage en Hollande et en Allemagne. – Sa première campagne. – Il est nommé cornette des chevau-légers. – Il est envoyé en Espagne pour complimenter le roi. – Villars au siége de Maestricht. – Il sert dans l'armée de Turenne. – Puis dans celle de Condé. – Opinion de ces deux grands généraux sur lui. – Sa conduite à la bataille de Sénef. – Il est nommé colonel. – Il sert dans l'armée du maréchal de Luxembourg. – Ses exploits. – Ses campagnes en Alsace sous le maréchal de Créqui. – Prédiction de ce dernier à son sujet. – Paix de Nimègue.

Louis-Hector, duc de Villars, pair et maréchal de France, l'un des plus grands capitaines dont s'honore notre pays, était issu d'une famille originaire

de Lyon, qui avait fourni successivement cinq
archevêques à Vienne en Dauphiné, et bon nombre
d'hommes d'une grande bravoure dans les armes, et
d'une haute capacité dans les fonctions diplomatiques
et dans l'administration. Son père, Pierre, marquis
de Villars, commandeur des ordres du roi, lieutenant-général des armées, servit loyalement son pays
et son roi, et comme guerrier et comme ambassadeur
auprès de diverses cours. C'est pendant qu'il exerçait
ces dernières fonctions auprès de la cour de Savoie,
que, suivant quelques biographes, naquit Louis-
Hector de Villars, en mai 1651 ; mais d'autres écrivains, dont l'opinion paraît mieux fondée, le font
naître deux ans plus tard, le 8 mai 1653, à Moulins
en Bourbonnais [1]. Quoiqu'il en soit de ces deux
opinions, qui au fond importent peu, ce qu'il y a
de certain c'est que le marquis de Villars fit donner

---

[1] Cette dernière opinion paraît d'autant mieux fondée, qu'on lit
dans le journal de Verdun du mois de décembre 1733, que le maréchal de Villars, passant par Moulins pour se rendre en Italie, le
26 octobre de la même année, fut harangué par M. de Pallières,
procureur du roi, qui lui dit en propres termes : « Si le Bourbonnais se glorifie sur toutes les autres provinces d'avoir été le
berceau de nos rois, Moulins partage avec lui cet avantage ; mais
un autre avantage propre à cette ville et qu'elle ne partage avec
aucune autre, *c'est qu'elle vous a vu naître dans ses murs !* »
— Il est difficile de supposer, comme le fait observer Anquetil,
qu'un magistrat eût osé adresser de telles paroles au maréchal
de Villars, s'il n'était pas né à Moulins. »

à son fils une éducation en rapport avec sa naissance. Il le plaça au collége de Juilly pour faire ses premières études, puis il le fit entrer aux pages de la Grande-Ecurie, école que Louis XIV avait établie pour la première noblesse de son royaume. Grace à la noblesse de sa figure et à son adresse particulière dans tous les exercices du corps, le jeune Hector se fit bientôt connaître et distinguer du roi parmi ses camarades.

Dès cette époque, il formait des projets de fortune et de gloire; projets de jeune homme, mais qui avaient une liaison et une suite, et qui donnaient les plus flatteuses espérances à sa famille. Un jour, entendant son père et sa mère se plaindre de leur mauvaise fortune, « Pour moi, s'écria-t-il, j'en ferai une grande. — Et comment vous y prendrez-vous? lui demandèrent ses parents. — C'est déjà, répondit-il, un grand avantage pour moi que d'avoir reçu de vous la naissance; aidé de cet avantage, je chercherai tellement les occasions de me distinguer, qu'il faudra bien qu'on fasse attention à moi. » La suite de cette histoire nous fera voir si le jeune Villars tint parole.

Dans un voyage que la cour fit en Flandre, le jeune Villars, étant encore page, demanda la permission de visiter la Hollande. A son retour, il sortit de page et accompagna en Allemagne le comte de Saint-Géran, son parent, chargé de maintenir plusieurs de ses princes dans l'alliance de la France, au moment où celle-ci se préparait à faire la guerre à la Hollande. Il fut tout-à-coup rappelé par son oncle, le maréchal de Bellefonds [1], qui désirait l'avoir pour aide-de-camp dans la campagne qui allait s'ouvrir. Mais au moment où le jeune Villars arriva à Versailles, il apprit la disgrace de son oncle le maréchal, que Louvois avait sacrifié à sa réconciliation avec le vicomte de Turenne.

Se trouvant livré à lui-même, car son père était alors en Espagne en qualité d'ambassadeur, le jeune Villars obtint d'entrer, comme volontaire, dans le corps dont le roi en personne s'était réservé le commandement. Servant successivement dans ce corps, dans ceux de Condé et de Turenne, et se distinguant tour à tour au passage du Rhin, et aux siéges d'Orsoy, de Doesbourg et de Zutphen, Villars attira tellement l'attention de Louis XIV, que ce prince dit un jour en le voyant charger l'ennemi : « Il semble, dès que l'on tire en quelque endroit, que ce petit garçon sorte de terre pour s'y trouver. » On voit qu'il n'avait pas oublié les promesses faites à son père.

[1] Marie de Bellefonds, marquise de Villars, mère du jeune Louis-Hector, était sœur du maréchal de Bellefonds.

Ces paroles royales embrasèrent l'àme du jeune guerrier et lui inspirèrent le désir d'un avancement dont il se croyait digne. La charge de cornette des chevau-légers de Bourgogne étant devenue vacante par la mort du chevalier de la Rochefoucaut, qui en était titulaire, le jeune Villars pria son cousin, le comte de Saint-Géran, de la demander pour lui au roi. Ce personnage, le seul parent qu'il eût à portée de solliciter pour lui, refusa de faire cette démarche, « parce que, disait-il, cette charge était destinée à des gens distingués par de longs services et aidés par de puissantes protections. » Villars, se passant alors d'intermédiaire, s'adressa directement au roi, qui lui accorda sur-le-champ la faveur qu'il demandait. Il acheva la campagne dans ce nouveau grade et se signala en diverses occasions.

La campagne terminée, Villars revint à la cour où une nouvelle faveur l'attendait. Le roi d'Espagne, Charles ii, venait d'échapper à une maladie dangereuse; Villars fut choisi pour aller complimenter ce monarque sur sa convalescence. Cette commission lui était d'autant plus agréable, que son père était ambassadeur à la cour de Madrid. Charles ii reçut le jeune envoyé du roi de France avec une bienveillance particulière, et le renvoya comblé de présents magnifiques.

A peine de retour, Villars courut à Maestricht, que Louis XIV assiégeait en personne. Le roi avait défendu aux volontaires de se trouver aux attaques sans une permission expresse ; mais Villars, ayant appris que l'on allait attaquer le chemin couvert, profita de la nuit pour se glisser dans les rangs des grenadiers avec six de ses chevau-légers qui avaient voulu le suivre. Bientôt il prend la tête de la colonne et pénètre dans la demi-lune. Un fourneau joue et l'enterre à demi ; il se dégage et ne revient dans la tranchée qu'après avoir assuré le logement des troupes dans l'ouvrage emporté sur l'ennemi. Il avait reçu plusieurs blessures, mais légères.

Le roi, témoin de la fin de l'action, le fait appeler et lui dit d'un air sévère : « Ne savez-vous pas que j'ai défendu, même aux volontaires, d'aller aux attaques sans permission ; à plus forte raison aux officiers de cavalerie qui ne doivent pas quitter leur troupe ? — Sire, répond Villars sans se déconcerter, j'ai cru que Votre Majesté me pardonnerait de vouloir apprendre le métier de l'infanterie quand la cavalerie n'a rien à faire. » Le monarque sourit, loua sa valeur en l'engageant à la modérer.

Après la prise de Maestricht, Villars fut envoyé à l'armée de Turenne sur le Rhin, et le suivit en Franconie. Son activité et sa rare intelligence dans diverses expéditions où il se signala comme partisan, lui méritèrent les éloges de ce grand capitaine. Turenne même, dans ses dépêches au roi, parla de Villars comme d'un jeune homme qu'il fallait avancer, et il alla jusqu'à le désigner comme digne de commander le régiment Dauphin, dont le colonel, le marquis de Beringhen, venait d'être tué au siége de Besançon.

A l'estime de Turenne, Villars eut bientôt l'avantage, peut-être unique pour son âge, de joindre celle du grand Condé. Le jour même de la bataille de Sénef, au moment où ce prince se disposait à attaquer l'arrière-garde ennemie, il se fit un grand mouvement dans l'armée des confédérés. Les officiers qui environnaient le prince prétendirent que ce mouvement indiquait une retraite générale de l'ennemi. « Non, s'écria Villars, ce n'est point une retraite, mais seulement un changement de front. — Et à quoi le connaissez-vous ? » dit le prince en se tournant de son côté. — C'est, reprit Villars, qu'à mesure que plusieurs escadrons paraissent se retirer, plusieurs autres s'avancent dans les intervalles, et appuient leur droite au ruisseau dont ils voient que vous prenez la tête, afin que vous les trouviez en bataille. — Jeune homme, lui dit Condé, qui vous en a tant appris ?.. Ce jeune homme-là voit

clair, » ajouta-t-il en s'adressant aux officiers qu
avaient parlé les premiers. En même temps il f
sonner la charge et mit l'épée à la main. « Ah
s'écria Villars avec enthousiasme, voilà ce que j'ava
toujours désiré, voir le grand Condé l'épée à l
main! » Ce transport d'admiration ne déplut pa
au prince.

Dès la première charge, Villars fut grièvemer
blessé à la cuisse; mais ayant fait bander ses plaie
à la hâte, il remonta à cheval et combattit tout l
reste de la journée avec une bravoure héroïque
Condé ne l'oublia pas en annonçant au roi le gai
de cette bataille si disputée et si sanglante. Louis xiv
pour le récompenser, le nomma colonel du régimen
de cavalerie de Courcelles : il n'avait encore qu
vingt-un ans (1674).

L'année suivante, il servit en Flandre sous le
ordres du maréchal de Luxembourg. Ce maréchal
connaissant son audace, lui confia plusieurs coup
de main qui furent couronnés des plus brillant
succès. Il serait trop long d'entrer dans tous le
détails des actions d'éclat qu'il fit pendant cett
campagne et les suivantes jusqu'à la paix de Nimègue,
nous allons seulement signaler les principales.

A la bataille de Cassel, il commandait un corp
de réserve destiné à se porter où les ordres du général

en chef l'appelleraient. En attendant qu'on eût besoin
de lui, Villars suivait avec anxiété les diverses phases
de l'action qui venait d'être engagée. Tout à coup il
s'aperçoit que le corps qu'il commande déborde la
droite de l'ennemi, et, déjà doué de cette sûreté de
coup-d'œil qui fait gagner les batailles, il comprend
que s'il charge cette aile en flanc pendant qu'elle est
attaquée en tête, il la mettra promptement en désordre. Déjà ses ordres sont donnés, il va s'élancer
à l'attaque, quand Monsieur lui envoya l'ordre de
venir renforcer le centre qui commençait à plier.
En vain Villars représenta-t-il à l'aide-de-camp du
prince que le meilleur moyen de raffermir le centre
était d'y arriver à travers les bataillons de cette aile
dispersée ; il fallut obéir et renoncer à un projet dont
le succès était certain. La bataille fut gagnée ; mais
la droite se retira en bon ordre, tandis qu'elle n'eût
pas échappé à une destruction totale. Le maréchal
de Luxembourg, en apprenant ce qui s'était passé,
ne put s'empêcher de dire : « Je voudrais que le
cheval de l'aide-de-camp du prince se fût cassé les
jambes quand il vous porta ce maudit ordre ! »

De Flandre, Villars fut envoyé en Alsace à l'armée
commandée par le maréchal de Créqui. Les occasions
de se signaler se présentèrent pour lui fréquemment
sous ce général, qui, affaibli par une ancienne

blessure, avait besoin d'un homme auquel il pût donner sa confiance. Il l'eut tout entière en Villars, et ne s'en repentit pas.

Au combat de Kocksberg, où il eut à soutenir les efforts de presque toute l'armée impériale, il déploya une valeur téméraire qui assura le succès de la journée. Dès le commencement de l'action, il eut deux chevaux tués sous lui. Au moment où il allait faire une charge décisive, on lui présenta une cuirasse; il la rejeta en disant : « Je ne tiens pas ma vie plus précieuse que celle de ces braves gens. »

Cette campagne se termina par le siége de Fribourg, où il occupa toujours les postes les plus dangereux et où il avait le plus de gloire à acquérir. Il était de toutes les attaques, et à la dernière il monta à l'assaut à la tête des grenadiers.

Malgré une suite d'actions aussi éclatantes, son avancement ne répondait pas à ses désirs ; sa parenté avec le maréchal de Bellefonds était dans l'esprit du ministre Louvois un obstacle à la réalisation de ses espérances. Il eut le chagrin de voir élever au grade de brigadier des officiers moins anciens que lui et qui certainement avaient des droits moins légitimes. Il s'en plaignit au roi ; mais ce monarque, prévenu par son ministre, répondit avec impatience. C'en fut assez. Villars ne sollicita plus et prit dès ce moment la résolution de se passer de la faveur, ou plutôt de la conquérir en quelque sorte à la pointe de son épée.

De retour à l'armée, il sembla se multiplier, et chaque jour il donna de nouvelles preuves de courage et d'intelligence de l'art de la guerre. Créqui admirait son ardeur. Le voyant le premier sur la brèche du fort de Kehl, il lui adressa à son retour, en présence de tous les généraux, ces paroles prophétiques : « Jeune homme, si Dieu te laisse vivre, tu auras ma place plutôt que personne. »

La paix de Nimègue (1678) suspendit les travaux militaires de Villars, travaux qu'il n'avait point interrompus depuis l'âge de quatorze ans.

CHAPITRE II

Situation de la France à la paix de Nimègue. – Mécontentement des puissances voisines. — Louis xiv cherche à les gagner. — Villars est envoyé en mission extraordinaire à la cour de Vienne. — Réception qu'on lui fait à la cour de l'empereur. — Sa liaison avec le duc Maximilien, électeur de Bavière. — Il le détache de la cour d'Autriche. — Son retour à Munich. – Mme de Kaunitz. — Retour de Villars à Versailles. — Il est envoyé en Flandre avec le titre de commissaire général de cavalerie. — Il est fait maréchal-de-camp. — Sa brillante conduite au combat de Leuze. — Mauvais vouloir du ministre Barbézieux contre Villars — Malgré ce ministre, il est nommé gouverneur de Fribourg et du Brisgau. — Il est envoyé à l'armée du Rhin, sous le maréchal de Joyeuse. — Paix de Ryswick. — Maladie de Charles II, roi d'Espagne. — Agitation excitée d'avance pour le partage de sa succession. — Villars est envoyé à Vienne. — Difficulté de sa mission. — Désagréments qu'il éprouve. — Nouvelle de la mort du roi d'Espagne et de son testament en faveur du duc d'Anjou, petit-fils de Louis xiv. — Irritation de la cour d'Autriche. — Embarras de Villars. — Il sollicite et obtient son rappel. — Ses adieux au prince Eugène. — Son retour à Versailles. Il est envoyé à l'armée de Lombardie. — Son mariage. — Il est envoyé en Alsace, à l'armée de Catinat.

La paix de Nimègue avait placé Louis xiv au faîte de la puissance. La cour de France éclipsait toutes les cours de l'Europe par sa magnificence ; des palais somptueux s'élevaient comme par enchantement, et des artistes éminents rivalisaient entre eux pour les décorer ; les poètes, les orateurs, les écrivains du

premier mérite, encouragés par les largesses du roi,
élevaient à sa gloire des monuments plus durables
que ceux de marbre et de bronze ; des armées nombreuses et bien disciplinées garantissaient de la
crainte de toute agression étrangère ; cent vaisseaux
faisaient respecter le pavillon français sur toutes les
mers ; des frontières hérissées d'un double rang de
forteresses construites par Vauban , des arsenaux
garnis de munitions de toutes espèces , des généraux
expérimentés , des ministres habiles , un commerce
florissant : tel était le tableau que la France pré-
sentait avec orgueil à ses amis et à ses ennemis.

Ses ennemis, ils étaient encore nombreux, et ils
n'avaient subi qu'en frémissant la paix que Louis xiv
leur avait imposée. Ce monarque, loin de chercher
à les gagner, n'avait fait que trop peser sur eux le
poids de sa puissance ; aussi n'attendaient-ils qu'une
occasion pour se venger. Le roi n'ignorait pas les
dispositions menaçantes de ses principaux voisins.
Déterminé, peut-être un peu tard, à se les rendre
moins contraires, il envoya dans les différentes cours
des personnes qui, accréditées sous un prétexte plus
ou moins sérieux, avaient mission de ramener les
esprits et de gagner les petits souverains, si on ne
pouvait réussir auprès des grandes puissances. Une
des plus importantes missions de cette nature devait

être envoyée à la cour de Vienne. Louis xiv jeta les yeux, pour la remplir, sur le jeune Villars, qui suivait la cour depuis la paix de Nimègue. Le roi pensa sans doute que, fils d'un négociateur aussi habile que l'était le marquis de Villars, il pourrait bien avoir hérité des talents diplomatiques de son père, comme il avait hérité de sa bravoure. Il lui donna ses instructions secrètes, lui ordonna de correspondre directement avec lui ; puis il l'accrédita ostensiblement auprès de l'empereur Léopold 1er comme ambassadeur extraordinaire, pour aller complimenter ce monarque sur la mort de l'impératrice-mère.

Ce fut alors qu'il prit le titre de marquis qu'avait porté son père dans ses ambassades. Il fut reçu à Vienne avec une distinction remarquable, qui paraissait moins accordée à l'emploi qu'à la personne. Il en prit occasion de se lier avec les courtisans et les ministres, et tout en ne paraissant s'occuper que de fêtes, il sut si bien approfondir le caractère des principaux personnages de la cour de Vienne, démêler leurs intrigues, s'instruire de leurs intérêts et de leurs projets, que le roi, à qui il fit part de ses découvertes, lui en témoigna la plus vive satisfaction.

Pendant son séjour à Vienne, il se lia avec le duc Maximilien, électeur de Bavière, beau-frère du Dauphin, qui avait épousé sa sœur. Il mit toute sa politique à détacher ce jeune prince de l'alliance autrichienne, pour lui faire épouser les intérêts de la France. Ses efforts furent si heureux que l'électeur quitta Vienne pour retourner à Munich, où le jeune marquis de Villars le suivit, après en avoir obtenu la permission de Louis XIV.

La cour de Vienne, qui tenait à conserver l'électeur de Bavière dans sa dépendance, employa tous les moyens pour contrebalancer l'influence de Villars sur ce prince. Elle finit par y réussir, au moyen de la comtesse de Kaunitz, pour qui le duc Maximilien avait un vif attachement, et qui exigea formellement le renvoi de l'ambassadeur français. Villars fit des adieux menaçants à l'électeur et se rendit aussitôt à Versailles.

Le roi l'accueillit parfaitement, et après plusieurs audiences particulières où Villars lui rendit un compte détaillé de sa mission, ce prince dit un jour devant les courtisans : « Je vous avais toujours connu pour un fort brave guerrier, mais je ne vous croyais pas si habile négociateur. » Puis, il l'envoya en Flandre commander la cavalerie dans l'armée du maréchal d'Humières, avec le titre de commissaire-général de cavalerie (1689).

La guerre occasionnée par la fameuse coalition, connue sous le nom de *ligue d'Augsbourg*, venait

d'éclater. L'armée du maréchal d'Humières n'avait
pas d'autre mission que de rester sur la défensive.
Une telle situation ne pouvait convenir au caractère
bouillant de Villars; aussi, pour échapper à l'inaction, il se livra à son goût naturel pour la guerre de
partisan, et il mit à contribution tout le plat pays
jusqu'à Bruxelles. La seule affaire remarquable fut
celle de Walcour, où l'infanterie fut très-maltraitée
et aurait été détruite sans la fermeté de la cavalerie
que Villars commandait; ce fut à cette occasion qu'il
fut fait maréchal-de-camp.

Dans la campagne suivante (1691), il fut chargé
de commander un corps de quinze mille hommes,
destiné à couvrir notre frontière depuis l'Escaut jusqu'à Bergues, et à seconder les opérations du maréchal de Luxembourg qui commandait en Flandre.
Il prit une part brillante au glorieux combat de Leuze
livré par le maréchal, qui, avec dix-huit escadrons,
battit cinquante escadrons ennemis. Villars rendit
compte de cette affaire dans une lettre qu'il écrivit
au marquis de Barbézieux, fils et successeur de
Louvois.

Ce nouveau ministre avait hérité de son père de
toutes ses préventions contre Villars, et il ne laissait
échapper aucune occasion de lui nuire dans l'esprit
de Louis XIV. Il réussit même une fois à faire rayer

son nom de la liste des officiers-généraux qui devaient avoir un commandement dans la campagne suivante. Le père de Villars, étonné de ne pas voir le nom de son fils figurer sur cette liste, démêla l'intrigue qui l'en avait fait écarter, et en fit part au roi. Louis XIV, sans témoigner son mécontentement à son ministre, lui ordonna d'écrire au marquis de Villars (le jeune), qu'il lui donnait le gouvernement de Fribourg et du Brisgau, et que, pour ne pas le laisser inutile, il l'envoyait à son armée d'Italie.

Barbézieux n'écrivit point, peut-être dans l'intention que Villars, ignorant sa mission en Italie, vînt à la cour et essuyât une réprimande. Mais si telle était son intention, elle fut bien trompée. Villars, n'ayant reçu aucun avis, vint effectivement à Versailles. L'accueil que lui fit le roi fut des plus gracieux, ce qui encouragea Villars à exprimer au monarque la crainte qu'il avait d'être desservi pendant son absence auprès de Sa Majesté. « Croyez-vous donc, lui répondit le roi, que ces gens-là puissent perdre un homme que je connais aussi bien? — Hélas! Sire, répliqua Villars, ces gens-là ont le privilége de parler tous les jours à Votre Majesté, tandis que vos officiers-généraux jouissent à peine de cet honneur une fois par an! » Ce langage hardi ne déplaisait pas au grand roi. Ce fut de son propre mouvement qu'il l'envoya

3

sur le Rhin pour aider de ses conseils le maréchal de Joyeuse, vivement pressé par le prince de Bade. Peu de jours après son arrivée, Villars fit sentir sa présence à l'ennemi par une manœuvre hardie qui sauva l'avant-garde et peut-être l'armée entière.

La paix de Ryswick (1697) vint pour quelque temps encore rendre le repos à l'Europe; mais déjà se préparait, dans le silence des cabinets, cet événement immense qui devait faire naître un nouvel ôrdre de choses, agiter tous les peuples, ébranler tous les trônes de l'Europe : nous voulons parler de la guerre pour la succession d'Espagne, guerre à laquelle Villars prit une part si active, et qu'il eut la gloire de terminer à l'avantage de la France.

Le roi d'Espagne, Charles ii, livré à une sombre mélancolie, miné par ses infirmités, et vieux avant l'âge de quarante ans, vivait tristement ou plutôt mourait lentement au fond du palais de l'Escurial. Au chagrin de se voir sans enfants pour recueillir la succession de ses vastes états, se joignait celui de savoir que les puissances étrangères se partageaient d'avance cet immense héritage. Les maisons qui y avaient les droits les plus rapprochés, étaient celles de France et d'Autriche, et après elles celle de Savoie. Le dauphin de France était le plus proche parent du roi d'Espagne, par sa mère Marie-Thérèse, fille aînée de Philippe IV, père de Charles II; mais il avait contre lui la renonciation à la couronne d'Espagne exigée de cette princesse, lors de son mariage avec Louis XIV. Les autres prétendants étaient issus de filles cadettes, dont les droits ne pouvaient être admis que dans le cas où les descendants de Marie-Thérèse seraient réellement déchus de leurs droits d'aînesses par la renonciation dont nous avons parlé. Tous ces droits étaient litigieux, et on les rendit encore plus difficiles à décider, en admettant des puissances étrangères à la discussion de cette affaire, qui aurait pu être traitée en famille.

Les négociations s'ouvrirent de toutes parts. Le marquis de Villars [1], dont le roi avait éprouvé en Bavière et en Autriche les talents diplomatiques, fut envoyé à Vienne. Le poste était difficile. La maison d'Autriche était la plus intéressée de toutes à s'opposer aux vues du roi de France; aussi, loin de recevoir l'accueil qui avait signalé sa première mission, il trouva une cour ombrageuse, aigrie par les longues guerres entre les maisons d'Autriche et de Bourbon, et irritée par les nouvelles prétentions de celle-ci. A peine arrivé à Vienne (1699), Villars éprouva des désagréments. L'empereur reçut conve-

---

[1] Il portait seul maintenant ce titre, son père étant mort en 1698.

nablement l'envoyé de Louis xiv, mais l'archiduc
Joseph, fils aîné de Léopold et roi des Romains, af-
fectait envers lui des manières hautaines et dédai-
gneuses. Le marquis de Villars fit semblant de ne
pas s'en apercevoir ; mais il ne put dissimuler dans
une autre circonstance qui paraissait imaginée pour
lui faire affront. Le prince de Lichtenstein, gouverneur du jeune archiduc Charles, concurrent du futur
duc d'Anjou, alla, sous un prétexte frivole, dire à
Villars de sortir d'un lieu où se donnait une fête à
laquelle il avait été invité avec les autres ambassadeurs : « Il faut, répondit Villars, se montrer le plus
sage, je me retire chez moi ; j'espère que vous vien-
drez bientôt m'y parler différemment de ce que vous
venez de faire. » Villars se plaignit à l'empereur et
exigea une réparation solennelle ; quelques efforts
que fit le prince de Lichtenstein pour l'éluder, il eut
ordre de la faire, et il la fit dans un appareil qui
rendait l'excuse plus éclatante que l'insulte.

Villars passa près d'un an à négocier, avec les ministres de l'empereur, un traité qu'on ne pouvait
amener à bonne fin, quand on apprit tout-à-coup à
Vienne que le roi d'Espagne était mort le 1er novembre 1700, qu'il avait fait un testament, par lequel il appelait à la succession de toute la monarchie
le duc d'Anjou, fils du dauphin de France et petit-fils

de Louis xiv ; que le roi de France avait accepté , et
que le jeune roi partait pour son royaume , où il était
attendu par ses nouveaux sujets avec un vif empres-
sement.

Cette nouvelle rendait extrêmement difficile et
même dangereuse la position d'un ambassadeur de
France à Vienne. La cour d'Autriche ne s'occupait
que de vengeance, et tâchait de faire entrer dans ses
projets tous ceux qui étaient capables de seconder son
ressentiment contre la France. Pendant les intrigues
qu'elle ourdissait contre Louis xiv, le rôle de son
ambassadeur à Vienne n'était pas fort agréable. Il vit
s'éloigner de lui les personnes avec lesquelles il
avait eu les plus intimes relations, dans la crainte de
passer pour gagnées ou corrompues. Il ne lui resta
que le prince Eugène de Savoie, le prince de Bade
et quelques autres seigneurs trop au-dessus des
soupçons pour s'inquiéter de l'opinion des courtisans.

Chaque jour, son poste d'ambassadeur devenait de
plus en plus embarrassant ; il marchait toujours entre
la crainte de laisser manquer à son caractère et celle
de paraître trop susceptible. Le peuple le regardait
de fort mauvais œil. Il courut plusieurs fois risque
d'être insulté , et ce ne fut qu'en usant de la plus
grande prudence, qu'il prévint des affronts dont la

réparation aurait été difficile. Cette haine populaire était produite par le bruit qu'on répandit que l'ambassadeur de France était impliqué dans une conjuration de mécontents hongrois. Cette calomnie s'accrédita si fort, que le marquis de Villars se crut obligé d'en demander justice. Elle lui fut rendue par les ministres, qui reconnurent publiquement qu'il n'avait aucune part à la conspiration des Hongrois.

Enfin, sur ses instances réitérées, il obtint son rappel, et le 26 juillet 1701 il prit congé de l'empereur, en l'assurant, par l'ordre du roi, que l'intention de Sa Majesté avait toujours été d'observer les derniers traités et d'entretenir, avec Sa Majesté impériale, la bonne intelligence nécessaire au repos de l'Europe et à l'avantage de la religion. A son départ, il reçut des témoignages flatteurs de considération personnelle de toute la cour. Un de ceux qui se plurent à lui donner publiquement des marques d'estime et de cordialité, fut le prince Eugène; et comme quelques courtisans paraissaient étonnés de voir une liaison si intime entre deux généraux qui étaient peut-être sur le point de se combattre : « Messieurs, leur dit Villars, je compte sur les bontés de M. le prince Eugène, et je suis bien persuadé qu'il me souhaite toute sorte de bonheur, comme de mon côté je lui désire toutes les prospérités qu'il mérite,

excepté celles qui peuvent être contraires aux intérêts du roi mon maître. Mais voulez-vous que je vous
dise où sont les véritables ennemis du prince Eugène?
ils sont à Vienne, comme les miens sont à Versailles. »

Ainsi finit l'ambassade du marquis de Villars, qui
avait duré près de trois ans, et pendant laquelle il
suivit avec une extrême habileté et une patience que
l'on n'aurait point crue dans son caractère, les négociations les plus épineuses. Ses travaux et leurs succès ne furent cependant pas appréciés à toute leur
valeur, et il en fit des plaintes amères dans une lettre
qu'il écrivit au ministre Chamillard ; on y remarque
entre autres le passage suivant. « Sans moi l'Autriche
s'emparait de l'Italie. Mais quel gré m'en sait-on? Je
trouvai à mon retour que j'avais battu les buissons,
et que c'étaient mes camarades qui avaient pris les
oiseaux. » Ces plaintes pouvaient être fondées, mais
quelle que fût l'importance de ses services, il mettait
certainement trop d'insistance à les faire valoir.

A son retour de Vienne, il fut envoyé en Lombardie, sous les ordres du maréchal de Villeroi. Mécontent de tout ce qu'il observa dans cette armée, il sollicita son rappel à la fin de la campagne.

Pendant le quartier d'hiver qu'il passa à Paris à
son retour d'Italie, il se maria avec Melle Rocque de
Varangeville. Au printemps, il fut envoyé à l'armée

de Catinat, retirée sous Strasbourg, où elle se tenait sur la défensive. Villars eut la douleur de ne trouver ni dans le général ni dans les troupes l'ardeur qu'il aurait désirée. « Elles ont oublié la guerre, écrivait-il au ministre, pendant la guerre même. La valeur y est toujours; mais l'application, la discipline, savoir se raidir contre les peines et les difficultés, une attention pour les marches, se bien porter dans les quartiers, en un mot, tout ce qui s'appelle esprit de gens de guerre leur manque, hors le courage. »

CHAPITRE III

L'électeur de Bavière attaché à la cause de Louis XIV pendant la guerre de succession. — Il commence les hostilités contre l'Autriche. — Sa précipitation le met dans une position critique. — Louis XIV envoie à son secours un corps de troupes considérables, dont il confie le commandement à Villars. — Villars passe le Rhin à Huningue. — Bataille de Friedlingen, gagnée sur le prince de Bade. — Courage et présence d'esprit de Villars pendant cette bataille. — Son armée le proclame maréchal de France. — Le roi confirme cette proclamation et l'élève en effet à cette dignité. — Retraite précipitée du prince de Bade. — Motifs qui empêchent Villars d'en profiter pour tâcher de rejoindre l'électeur de Bavière. — Il ramène son armée en deçà du Rhin, où il la met en quartier d'hiver. — Naissance de son fils. — Le maréchal se rend à Versailles ; sa réception ; paroles remarquables que lui adresse Louis XIV. — Son retour à l'armée. — Siège et prise de Kehl. — Il fait repasser le Rhin à son armée. — Cette manœuvre est critiquée par les courtisans. — Réponse de Villars. — Il franchit de nouveau le Rhin au printemps. — Il pénètre dans les défilés des Montagnes-Noires. — Mollesse des officiers supérieurs. — Courage et ardeur des soldats et des officiers inférieurs. — Conduite de Villars devant Hornbeck. — Il opère sa jonction avec l'électeur de Bavière. — Caractère irrésolu de ce prince. — Projet de marcher sur Vienne, convenu avec l'électeur. — Celui-ci change d'avis au moment de l'exécution. — Avantages qu'aurait offerts ce plan. — Expédition du Tyrol, exécutée par l'électeur. — Après un début heureux, ce prince rentre en Bavière. — Mécontentement de Villars. — Il demande son rappel. — Bataille d'Hochstett, gagnée par Villars le 20 septembre 1703. — Cette victoire demeure sans fruits. — Villars obtient enfin son rappel et quitte la Bavière.

Parmi le peu d'alliés qui s'étaient attachés à la fortune de la France dans cette terrible guerre de la

succession, se trouvait le duc Maximilien, électeur
de Bavière, le même dont Villars avait su gagner
l'amitié et la confiance lors de sa première ambassade à Vienne. Ce prince avait commencé les hostilités par la prise d'Ulm, place dont la possession le
mettait au milieu des états de l'empereur. Mais il
avait mal pris son temps pour se déclarer, ou plutôt
l'inaction du maréchal de Catinat, qui avait laissé
prendre Landau par le roi des Romains et le duc de
Bade, mettait l'électeur de Bavière dans une position
très-critique : il avait pris les armes, dans la per-
suasion d'être promptement soutenu par une puissante
armée française, et déjà il se voyait investi de tous
côtés par les troupes autrichiennes. Louis xiv, connaissant la situation de son allié, regardait son honneur intéressé à prouver à l'électeur de Bavière qu'il
n'aurait pas à se repentir d'avoir épousé sa cause. Il
résolut donc de lui envoyer un secours puissant pour
le dégager, et il chargea Villars de cette difficile et
honorable mission.

Le roi mit à la disposition du marquis un corps
d'armée composé de trente bataillons, quarante escadrons et un train d'artillerie de trente pièces.
C'était la première fois que Villars commandait en
chef, et il avait alors quarante-neuf ans (1702).
Il nous a conservé lui-même les détails d'une en-

treprise dont la réussite suffirait pour le placer au premier rang des hommes de guerre du grand siècle. Dans l'impossibilité de donner en entier le récit de Villars, nous en citerons les passages les plus saillants, et nous analyserons le reste.

Il avait résolu de passer le Rhin à Huningue, dans l'espoir de tourner les Impériaux qui occupaient tous les défilés de la Forêt-Noire, qu'il eût été impossible d'attaquer de front. Le passage s'effectua sans de grandes difficultés ; « mais ce qui me restait à faire, dit Villars dans ses mémoires, pour me joindre à l'électeur de Bavière était très-difficile. Avant que de pouvoir même m'approcher des Montagnes-Noires (ou Forêt-Noire) qui étaient mon seul chemin, il fallait éloigner le prince de Bade. Il occupait une hauteur qui domine à demi-portée de canon la petite plaine où je devais commencer à me former. Au pied de cette hauteur est un ruisseau ; sur ses bords, un château bien percé avec un bon fossé ; sur la crête de la hauteur, le fort de Friedlingen ; enfin, à droite et à gauche, à mi-côte, des redoutes fraisées et palissadées. »

Après être resté quelques jours en observation, dans l'espoir que l'électeur de Bavière, instruit de son mouvement, le seconderait par quelques manœuvres sur les derrières de l'ennemi, Villars, ne voyant

rien paraître, résolut d'attaquer de vive force le
prince de Bade et de le déloger de sa position. Il
commença par faire emporter d'assaut la petite ville
de Neubourg, sur le Rhin, à quatre lieues d'Huningue, afin d'inquiéter le prince de Bade sur sa
droite et de se réserver la facilité d'un second passage sur le Rhin.

Dans la soirée du 13 octobre, le prince de Bade
fit marcher presque toute sa droite sur Neubourg,
dans l'espoir de reprendre cette ville avant que les
Français eussent eu le temps de s'y bien établir. Villars, instruit de cette manœuvre, mit toute son
armée en mouvement. Le prince de Bade rappela
alors sa droite, et se disposa à opérer un changement de front, pour échapper au danger qui le
menaçait.

Le 14 au matin, Villars, apprenant le nouveau
mouvement de l'ennemi, se décide aussitôt à l'attaquer. Reconnaissant que le succès de la journée
dépend de l'occupation des hauteurs de Tulick, il
donne à son infanterie l'ordre de s'en emparer.
Quoique la pente fût très-escarpée et embarrassée
de vignes, les soldats la gravirent avec ardeur et
en assez bon ordre, malgré les difficultés du terrain.
Pour arriver sur la hauteur il fallait traverser un
bois si épais, que l'on ne put juger de l'approche

de l'infanterie impériale que par le bruit des tambours. Un feu meurtrier de mousqueterie et d'artillerie accueille aussitôt nos soldats ; ils répondent par une vigoureuse charge à la baïonnette, arme dont on faisait encore peu d'usage, et qui déjà était terrible entre les mains des Français. Les Impériaux sont culbutés et précipités dans la plaine, et nous restons maîtres des hauteurs de Tulick.

Dans ce moment décisif, qui assurait notre triomphe, un événement imprévu faillit compromettre notre succès. Quelques-uns de nos soldats, s'étant laissé emporter trop loin à la poursuite des fuyards, tombèrent dans un gros d'ennemis qui les repoussèrent vigoureusement. Revenant en toute hâte sur leurs pas, ils se jetèrent sur nos propres troupes et les entraînèrent en désordre vers le bois. Etonné de ce mouvement rétrograde, Villars courut à eux en criant : « Soldats ! la victoire est à nous ! Vive le roi. » — « Vive le roi ! » répondirent les soldats, mais d'une voix incertaine qui les montrait encore sous le poids de la terreur panique qu'ils venaient d'éprouver. Villars, saisissant alors un drapeau, se met à leur tête et les ramène sur le bord de la pente. De là il leur montre l'ennemi fuyant de toutes parts, et notre cavalerie qui revenait en bon ordre après avoir battu celle des Impériaux. Puis, rejoignant

cette cavalerie, il ordonna une dernière charge
pour achever la défaite des ennemis.

Lorsque la plaine fut entièrement balayée, l'armée
française, ne doutant plus de sa victoire, fit entendre
cette fois, avec enthousiasme, le cri de *Vive le roi!* et
elle proclama son digne chef maréchal de France,
« ce que, dit Villars, je n'entendis pas sans émotion. »

Telle fut en résumé cette bataille de Friedlingen
(14 octobre 1702), dans laquelle les ennemis per-
dirent, outre une position importante, quatre mille
hommes tués sur le champ de bataille, quatre
mille prisonniers, trente-cinq drapeaux ou étendards, trois paires de timbales [1] et onze pièces de
canon. Le fort de Friedlingen, appelé Fort de l'E-
toile, se rendit à discrétion le lendemain.

Dès que le roi fut instruit de cette brillante journée, il nomma Villars maréchal de France, et en
lui envoyant le bâton, signe de cette dignité, il y
joignit une lettre très-flatteuse, dans laquelle il lui
disait : « En vous élevant au rang de maréchal, je
ne fais qu'unir ma voix à celle de mes braves soldats. » Il reçut aussi des lettres de félicitation du
Dauphin, du duc d'Orléans, de la princesse de
Conti, de toute la cour en un mot.

[1] La perte des timbales, dans un régiment de cavalerie, équi-
valait presque à la perte de l'étendard.

Le prince de Bade, après avoir fait une vaine démonstration contre Neubourg, se retira précipitamment vers le Bas-Rhin, laissant les chemins de la Forêt-Noire libres, si Villars voulait rejoindre l'électeur. C'était là sans doute le but que le général français s'était proposé, et cette jonction semblait devoir être le résultat de la victoire de Friedlingen; mais bientôt le nouveau maréchal apprit que l'électeur, toujours mal conseillé, s'éloignait du Rhin au lieu de s'en approcher. Il comprit alors le motif de la retraite si rapide du prince de Bade, dont l'armée, malgré sa défaite, était encore plus forte que l'armée française. Dans l'incertitude où ce prince supposait Villars des mouvements de l'électeur, il pensait que l'armée française s'enfoncerait dans les montagnes pour tenter de le rejoindre; alors cette armée, entravée dans sa marche par les difficultés du terrain, augmentées encore par la mauvaise saison qui approchait, arrêtée par les forteresses situées sur la route, harcelée par les gens du pays et pressée en queue par son armée entière, serait infailliblement détruite. Mais Villars ne donna pas dans ce piége. Il repassa le Rhin afin de chasser les Impériaux de tous les postes qu'ils occupaient en Alsace et sur la Sarre. Il s'assura de Nancy, que le duc de Lorraine, se voyant sans

espérance d'être secouru, lui livra sans coup
férir.

Dans le même temps, il reçut enfin une lettre
de l'électeur de Bavière, qui l'exhortait à s'approcher de lui et lui indiquait plusieurs chemins. Le
maréchal lui répondit : « Après la bataille gagnée,
j'avais eu huit jours pour tenter le passage si Votre
Altesse électorale m'avait secondé, et vraisembla-
blement j'y aurais réussi ; à présent cela n'est plus
possible. Cette vallée de Neustadt, que Votre Altesse
me propose, c'est ce chemin que l'on appelle le
Val d'Enfer. Eh bien ! que Votre Altesse me par-
donne l'expression, je ne suis pas assez diable pour
y passer ; il faut donc remettre à l'année prochaine
et se mieux concerter. »

Il ne s'occupa donc plus que de bien s'assurer
ses quartiers d'hiver, et la campagne terminée, il
partit pour Paris, où il arriva le 1ᵉʳ janvier 1703.
« Je trouvai, dit-il dans ses mémoires, ma femme
accouchée d'un fils, dont la naissance ajouta au
bonheur de l'année qui venait de finir. »

Il s'empressa ensuite d'aller à Versailles pour
rendre compte au roi de ses opérations. « Il m'apprit, dit Villars, que c'était de lui-même, sans en
avoir conféré avec ses ministres, qu'il m'avait donné
la préférence sur un maréchal de France et cinq

lieutenants-généraux plus anciens que moi, pour le commandement de l'armée chargée de l'expédition dont le succès lui tenait tant à cœur. » Les paroles que lui adressa Louis XIV dans cette circonstance méritént d'être remarquées. « Je suis autant Français que roi, lui dit ce grand prince; ce qui ternit la gloire de la nation m'est plus sensible que tout autre intérêt. Depuis longtemps mes ministres ne m'apprenaient que des choses désagréables. L'heure à laquelle ils venaient travailler avec moi était marquée par des mouvements dans mon sang. Vous m'avez tiré de cet état; comptez sur ma reconnaissance. »

Dès le 13 janvier, le maréchal retourna à l'armée qu'il avait laissée sur les bords du Rhin. Le moment n'était pas encore venu d'ouvrir la campagne ; mais il employa ce temps à opérer des réformes utiles dans les divers corps de son armée. Enfin, le 12 février, il passa le Rhin à Neubourg, enleva successivement tous les quartiers du prince de Bade sur le Kintzig, et le força d'abandonner les villes d'Offembourg, Tell, Wilstadt et Radstadt. On trouva dans la première vingt-huit pièces de canon, quantité de munitions de guerre et de bouche, et tout l'équipage de l'artillerie de l'armée. Il vint ensuite mettre le siége devant Kehl. La tran-

chée fut ouverte dans la nuit du 25 au 26 février,
et dans la nuit du 4 au 5 mars, les Français s'étaient
logés dans l'avant-chemin couvert.

Ces succès ne s'obtenaient pas sans peine. Villars
ne quittait presque pas la tranchée. « Il n'est pas
nécessaire, lui disaient les ingénieurs, qu'un maréchal de France y soit si souvent. — Non, répon-
dait-il, mais avouez que cela ne fait pas de mal. »
Sa présence encourageait le soldat; sa familiarité
lui faisait supporter gaiement les fatigues du siége.
« Je passe avec eux, écrivait-il au ministre, une
partie de la nuit, buvant un verre d'eau-de-vie avec
mes soldats. Je leur fais des contes, et j'ai grand
soin de leur dire qu'il n'y a que les Français qui
sachent prendre les villes l'hiver. »

Le 6 mars, l'assaut fut donné à l'ouvrage à
corne, qui fut emporté, et les assiégés, après avoir
mollement défendu le chemin couvert, capitulèrent
le 10.

Après la prise de Kehl, le maréchal de Villars
reçut de la cour l'ordre de marcher au secours de
l'électeur de Bavière. Il alla lui-même en reconnaissance à la tête d'un corps de mille chevaux et
de neuf cents fantassins. Mais il trouva partout les
passages parfaitement gardés. Considérant en outre
que dans cette saison les moindres cours d'eau con-

sidérablement grossis par la fonte des neiges entra-
veraient sa marche, et d'un autre côté, que son
armée fatiguée avait besoin de repos et qu'elle
manquait des choses les plus nécessaires pour une
entreprise de cette importance, il résolut de la faire
rentrer en France jusqu'au mois d'avril, et d'employer ce délai à faire tous les préparatifs nécessaires pour son expédition. En conséquence, il fit
repasser le Rhin à ses troupes, et les établit sur la
rive gauche de ce fleuve, en se réservant cinq ponts
pour être prêt à le repasser quand le moment serait
venu.

Cependant ce retour en France, si bien motivé,
fut amèrement critiqué par les courtisans de Versailles, qui s'efforçaient de le faire passer pour
une retraite peu honorable. « On ne concevait pas,
dit le maréchal, dans les appartements bien chauds
du château de Versailles, et dans les allées bien
unies du parc, comment une armée qui venait de
prendre Kehl ne pouvait pas, à la fin de février,
traverser des pays inondés, franchir les Montagnes-
Noires et joindre l'électeur de Bavière. » Villars
était très-sensible à ces critiques, « qui me déso-
laient, dit-il, en ce qu'elles me décréditaient et
faisaient tort à mon armée. » Il en témoigne souvent son mécontentement au ministre dans des

lettres où il ménage peu les généraux de cour et
les guerriers d'antichambre, fort peu empressés de
servir dans une armée qui doit se battre souvent;
du reste, après avoir répondu par des plaisan-
teries et des sarcasmes aux propos des courtisans,
c'est en général consommé qu'il réfute les argu-
ments des hommes de métier. Puis, il termine sa
lettre par ces mots : « Dès que la fonte des neiges
nous laissera quelque passage, je ne sais plus autre
chose qu'enfoncer mon chapeau, et vogue la galère.
Mais si vous voulez que j'aie le courage nécessaire,
par ma foi, monsieur, ne tremblez pas quand
vous parlerez au roi pour moi, et dites, je vous
prie, à Sa Majesté, que quand elle l'aura bien
voulu personne ne fera mieux tuer ses troupes que
moi. »

Enfin, vers le 20 avril, il fit repasser le Rhin à
son armée, et se détermina à forcer les gorges
des Montagnes-Noires. Il emporta les retranchements de Pibrac, d'Haslac et plusieurs redoutes qu'il
trouva sur son chemin. Il faillit échouer devant
Hornbeck, ville fortifiée et située dans le milieu
d'une vallée par laquelle il fallait nécessairement
passer. Il en ordonna immédiatement l'attaque;
mais voyant quelque hésitation, il mit pied à
terre, courut se placer à la tête des grenadiers;

en disant aux officiers : « Eh quoi ! messieurs,
il faut donc que moi, maréchal de France et
votre général, je monte le premier si je veux
qu'on attaque ? » Ces mots remirent tout en ordre. Soldats et officiers firent à l'envi leur devoir ;
la ville et le château furent emportés en un instant.

Enfin, après onze jours de marche, dont aucun
ne s'était passé sans combat, Villars opéra sa
jonction avec l'électeur de Bavière (8 mai 1703),
sur les frontières de l'électorat. Ce prince se jeta
dans ses bras en versant des larmes de joie, tandis que par son ordre l'armée bavaroise saluait
l'armée française de ses *hurrahs* et de nombreuses
décharges d'artillerie et de mousqueterie.

Après les premiers moments donnés à la joie de
cette réunion, on délibéra sur ce qu'il fallait faire
pour l'avenir. Malheureusement l'électeur était d'un
caractère irrésolu, timide, qui entravait tous les
plans de Villars. Celui-ci proposa de marcher droit
sur Vienne, dont il était facile de s'emparer. Ce
projet fut discuté sérieusement, et après l'avoir
mûrement examiné, l'électeur dit que c'était le
Saint-Esprit qui l'avait inspiré au maréchal, et
que c'était effectivement le moyen de finir plus
promptement la guerre. On s'occupa aussitôt de

concerter les moyens de l'exécution, qui fut fixée au 2 juin.

Mais trois jours auparavant, l'électeur, effrayé par ses ministres, qui étaient tous vendus à l'empereur, déclara qu'il avait changé de dessein. Villars frémissait d'indignation ; on voit par sa correspondance qu'il avait à combattre une opposition presque aussi forte à la cour de Versailles qu'à celle de Munich. Il écrivait à Louis XIV : « Votre Majesté saura un jour que l'empereur était perdu si nous eussions marché sur Vienne ; il n'y a que les gens gagnés par l'Autriche, ou des ignorants, qui aient pu s'opposer à mon plan. » Ce plan était apprécié comme il le méritait par un homme dont la capacité ne saurait être mise en doute. Au congrès de Radstadt, le prince Eugène ne put s'empêcher de dire, en présence des plénipotentiaires, que si le maréchal de Villars avait eu la liberté de marcher sur Vienne en 1703, comme il le désirait, la paix, qui ne fut conclue qu'en 1714, et après de longues et terribles calamités, eût été signée dès lors *à l'avantage de la France.*

A défaut de l'expédition de Vienne, on convint d'en faire une dans le Tyrol ; cette fois l'électeur se chargea de l'exécuter avec ses Bavarois, tandis que le maréchal de Villars contretiendrait le duc de Bade et les autres généraux de l'empereur qui menaçaient les frontières de la Bavière. L'expédition du Tyrol eut d'abord un plein succès ; mais l'électeur, qui avait compté sur la coopération du duc de Vendôme, qui commandait une armée française en Italie, ne voyant rien paraître, abandonna le Tyrol et rentra en Bavière. La mésintelligence continua à régner entre ce prince et le maréchal de Villars, au point que celui-ci se vit dans la nécessité de demander son rappel.

En attendant la réponse du roi, il apprend que le prince de Bade et le comte de Stirum allaient faire leur jonction vers Donawerth. Il prend aussitôt la résolution de les prévenir, et fait part de son projet à l'électeur. Celui-ci veut temporiser ; Villars insiste, dit qu'il n'y a pas un moment à perdre, et que si Son Altesse ne veut pas le seconder avec ses Bavarois, il combattra seul avec les Français. Et en même temps il donne l'ordre à son armée de se mettre en marche. L'électeur ne peut se dispenser de le suivre, et le 20 septembre, l'armée franco-bavaroise rencontre les ennemis dans la plaine d'Hochstett. L'action fut sanglante, et le duc de Bavière, qui, malgré la versatilité de son caractère, était loin de manquer de bravoure, s'y distingua d'une manière toute particulière. Cinq mille impériaux restèrent sur le champ de bataille, sept mille furent faits prisonniers, et on s'empara en outre de toute leur artillerie et de tout leur bagage.

Cette brillante victoire demeura sans fruit; l'électeur semblait prendre à tâche de contre-carrer toutes les mesures du général français. Villars, de plus en plus mécontent, ne cessa de demander son rappel, et il l'obtint enfin. Avant de quitter l'électeur, le maréchal lui donna encore d'utiles conseils, et il partit emportant les regrets de toute son armée et de l'électeur lui-même. L'armée passa sous le commandement du comte de Marsin, que Villars lui-même avait désigné pour son successeur. Le maréchal arriva à Paris dans le mois de décembre 1703. Le roi l'accueillit de la manière la plus gracieuse, quand il se présenta à Marly, où se trouvait la cour.

CHAPITRE IV

Réponse aux déclamations de quelques écrivains , à propos du rappel
de Villars et de son envoi en Languedoc. — Motifs qui déterminèrent
Villars à accepter cette commission. — Ses dernières paroles en prenant
congé du roi — Ses rapports avec l'intendant Bâville. — Campagne
contre les *camisards*. — Ce que c'étaient que ces camisards. — Plan
de conduite du maréchal. — L'un des principaux chefs se soumet et
traite avec Villars. — Son exemple entraîne la plupart des chefs et des
autres camisards. — L'intervention des Anglais et du duc de Savoie
retarde les succès de la pacification. — Villars repousse les ennemis
du dehors et termine heureusement la pacification de ceux de l'intérieur. — Villars est rappelé à la cour. — Défaite de l'armée française à
Hochstett où Villars avait été victorieux l'année précédente. — Villars
au commandement de l'armée de la Moselle pour la campagne de 1705.
Il prend position dans le camp de Sirck. — La grande armée alliée ,
sous les ordres de Marlborough, s'avance annonçant l'intention de
l'attaquer. — Après quatre jours passés en présence des Français, les
alliés se retirent précipitamment. — Villars poursuit les alliés dans
leur retraite et leur enlève Trèves et Sarrebourg. — Il enlève ensuite
les lignes de Weissembourg et menace Lauterbourg. — La terre de
Vaux, appartenant à Villars, est érigée en duché, et le maréchal
prend dès lors le titre de duc (1706). — Villars s'empare de Lauterbourg
et d'Haguenau. — Perte de la bataille de Ramillies par le maréchal de
Villeroi. — Conséquence de cette défaite pour l'armée de Villars. —
Affaiblissement considérable de cette armée, qui l'empêche de rien
entreprendre. — Reconnaissance des lignes de Stolhoffen. — Description
de ces lignes. — Villars les enlève par un coup de main hardi.

Quelques petits écrivains, qui pensent se grandir
en déclamant contre Louis xiv, ont souvent répété

5

que ce monarque arrêta le cours des victoires de
Villars en Allemagne, pour employer ce grand capitaine à combattre quelques misérables fanatiques en
Languedoc. Nous venons de voir que c'était le maréchal lui-même qui avait sollicité son rappel avec les
plus vives instances. Nous avons parlé des bontés et
des égards que le roi lui témoigna à son retour;
ajoutons que ce monarque, après l'avoir remercié de
ses services, lui dit qu'il en réclamait de nouveaux
de son zèle, et qu'il lui offrit le commandement d'une
de ses armées d'Italie, l'autre ayant pour général le
duc de Vendôme. Villars, qui, comme moins ancien
maréchal que le duc, se serait trouvé sous sa direc-
tion, et qui avait des motifs pour ne pas servir sous
les ordres de ce prince, supplia le roi de lui donner
une autre destination.

Ce fut alors que le roi lui proposa le commandement du Bas-Languedoc, en lui disant : « Je sais que
des guerres plus considérables à conduire vous con-
viendraient mieux ; mais vous me rendrez un service
bien important, si vous pouvez arrêter une révolte
qui peut devenir très-dangereuse, surtout dans une
conjoncture où, faisant la guerre à toute l'Europe, il
est assez embarrassant d'en avoir une dans le cœur
du royaume. »

Villars, qui voyait avant tout les véritables intérêts

de la religion et ceux du roi, accepta cette commission dans la ferme intention de servir en même temps les uns et les autres. Après avoir pris des informations sur le véritable état des choses dans ce pays, il reconnut qu'on employait contre les coupables une rigueur exagérée, qui tendait plutôt à les éloigner sans retour de leurs devoirs envers Dieu et envers le roi, qu'à les y ramener. Il résolut donc d'essayer une conduite toute différente, et en prenant congé du roi et recevant ses derniers ordres, il lui dit : « Si Votre Majesté me le permet, j'agirai d'une manière toute opposée à celle que l'on emploie, et je tâcherai de terminer par la douceur, des malheurs où la sévérité excessive me paraît non-seulement inutile, mais totalement contraire. — Je m'en rapporte à vous, répondit le roi ; vous croyez bien que je préfère la conservation de mon peuple à leur perte, que je regarde comme certaine si cette malheureuse guerre continue. »

Le maréchal se rendit sans délai à Beaucaire, où l'attendait l'intendant du Languedoc, Lamoignon de Bâville, fils du célèbre premier président de ce nom. Villars trouva en lui des sentiments d'humanité et de conciliation, parfaitement conformes aux siens, ce qui ne s'accorde guère avec l'opinion de certains philosophes du siècle dernier qui appelaient ce magistrat le *sanguinaire Bâville* [1].

Le guerrier et le magistrat firent ensemble cette campagne contre les *Camisards*. On donnait ce nom aux révoltés du Bas-Languedoc et des Cévennes, parce qu'ils portaient sur leurs vêtements une blouse blanche, appelée en patois du pays *camise* (chemise). « Il y a, écrit Villars dans une de ses lettres à M. de Chamillard (9 mai), trois sortes de camisards : Les premiers avec lesquels on pourrait entrer en accommodement, pour être las des misères de la guerre et connaissant qu'elle causera tôt ou tard leur perte. Les seconds, d'une folie outrée sur le fait de la religion, absolument intraitables sur cet article. Le premier petit garçon, ou petite fille, qui se met à trembler, est assuré que le *Saint-Esprit* lui parle; tout le peuple le croit, et si Dieu avec tous ses anges venait leur parler, il ne le croirait pas mieux : gens d'ailleurs sur lesquels la peine de mort ne fait pas la moindre impression. Ils remercient dans les combats ceux qui la leur donnent; ils marchent au supplice en chan-

---

[1] Pour se convaincre de la bonne foi de ces écrivains, nous nous contenterons de citer ce passage par lequel Bâville termine un mémoire adressé au roi sur les affaires des protestants du Languedoc : « Les nouveaux convertis, dit-il, se confesseront et communieront tant qu'on voudra, pour peu qu'ils soient pressés et menacés par la puissance séculière ; mais cela ne produira que des sacriléges. *Il faut attaquer les cœurs; c'est où la religion réside : on ne peut l'établir solidement sans les gagner.* »

tant les louanges de Dieu, et exhortent les assistants,
de manière qu'on a souvent été obligé d'entourer les
criminels de tambours pour empêcher les pernicieux
effets de leurs discours. Les troisièmes enfin, gens sans
religion, accoutumés au libertinage, au meurtre, à
se faire nourrir par les paysans, et à ne plus faire
que voler et même beaucoup de débauche, canaille
furieuse, fanatique et remplie de prophétesses. »
Quant aux catholiques du pays, le maréchal ajoutait :
« Les uns, aveuglés par leur zèle, trouvaient du
danger pour la religion dans tous les adoucissements
qu'on croyait devoir accorder aux hérétiques, par
l'espérance de les ramener. D'autres, entraînés par
leur cupidité, se croyant les plus nombreux et les
plus forts, regardaient le bien des hérétiques et
même des nouveaux convertis, comme une proie qui
leur était due. Il n'y avait donc pas en eux la moindre
ombre de charité chrétienne. A les entendre, il n'y
avait d'autre parti à prendre que de tuer tous ces
gens-là, du moins de les chasser du pays sans distinction. Enfin, le plus petit nombre était de ceux
qui plaignaient l'aveuglement des hérétiques, sans
leur faire de mal ni désirer qu'on leur en fît. »

Ces renseignements pris, le maréchal de Villars
se traça un plan de conduite d'après l'opinion qu'il
s'était faite. Les camisards de la première espèce,

qu'on peut appeler camisards *politiques*, étaient les
plus nombreux et comptaient parmi eux les chefs les
plus influents et les plus aguerris. Villars résolut de
chercher à gagner ces chefs et de traiter avec eux,
persuadé que s'il réussissait, il obtiendrait facilement
la pacification non-seulement de ceux de la première
espèce, mais aussi de ceux de la seconde, qu'on peut
appeler les *fanatiques*. Quant à ceux de la troisième
catégorie, ce n'était qu'un ramassis de véritables
brigands, gens de sac et de corde, comme il en
surgit partout et dans tous les temps pendant les
guerres civiles ; il déclara que pour eux il serait sans
pitié ni merci. Comme ils étaient détestés des autres
camisards, qui étaient loin d'approuver leurs excès,
cette menace suffit pour les faire disparaître.

La douceur et la fermeté qu'il déploya dès le
commencement firent une impression profonde sur
ceux qui n'étaient qu'égarés. L'un de leurs principaux chefs, le fameux Cavalier, offrit enfin lui-même
de rentrer dans le devoir. Villars lui accorda une
entrevue, et bientôt ces deux hommes s'entendirent.
C'est quelque chose de bien remarquable, surtout
pour cette époque, de voir un maréchal de France,
le vainqueur de Fridlingen et d'Hochstett, habitué
à ne négocier qu'avec des têtes couronnées, agir
d'égal à égal avec un jeune paysan de vingt-deux ans.

Du moment que Cavalier eut commencé à traiter jusqu'à la fin, il montra de la bonne foi : admirateur des grandes qualités du maréchal, il lui proposa de former avec ses anciens compagnons d'armes un régiment du nom de Villars, tenant à grand honneur d'en être le colonel, et consentant d'aller servir en Alsace, en Italie et partout où on l'enverrait. Villars ne put lui promettre la création d'un tel régiment, ce qui ne dépendait pas de lui, mais il l'assura que si cette création s'effectuait, il en serait le colonel, et qu'en attendant, il en aurait toujours le titre avec une pension.

Bientôt, à l'exemple de Cavalier, la plupart des chefs et un grand nombre de leurs frères se soumirent. Mais dans le moment où le maréchal se félicitait de ce résultat et comptait sur une prompte et complète pacification du pays, les Anglais parurent avec une flotte nombreuse sur les côtes de Provence, et cherchèrent à relever l'ardeur des camisards en se mettant en communication avec eux. De son côté, le duc de Savoie tentait, dans le Dauphiné, de relever l'espérance des rebelles. Villars fit face partout aux ennemis extérieurs, et après les avoir repoussés, il revint prendre l'œuvre de pacification qu'il avait si heureusement commencée. Le succès couronna ses efforts, et il eut la satisfaction d'avoir rétabli en une seule campagne la tranquillité dans toutes les provinces agitées depuis tant d'années par la guerre civile.

Villars fut bientôt rappelé à la cour. Un événement désastreux venait de ternir la gloire de nos armes dans cette même plaine d'Hochstett, où l'année précédente le maréchal s'était couvert de gloire. Le roi pensa que lui seul pouvait réparer l'échec que nous venions d'éprouver. Quand le maréchal arriva à Versailles, Louis XIV lui témoigna sa haute satisfaction pour sa conduite en Languedoc. Il lui donna le cordon bleu ; et ce qui flatta plus encore le maréchal, il s'entretint longtemps avec lui des opérations les plus secrètes de la politique et de la guerre.

Pour la campagne de 1705, Villars fut chargé du commandement des troupes campées sur la Moselle. Il visita d'abord les frontières de l'Est, et reconnut qu'il était de la plus haute importance de couvrir les trois places de Luxembourg, de Thionville et de Sarrelouis. Il se détermina, en conséquence, à prendre position à Fronsberg et sur les hauteurs voisines, d'où il pouvait porter du secours à Luxembourg, par les bois de Sirck, en même temps qu'il couvrait Thionville et assurait les convois de vivres qui lui venaient de Metz. Ce camp de Fronsberg, vulgairement connu sous le nom de camp de Sirck,

donne la plus haute idée du coup-d'œil stratégique
d'un guerrier qui s'était jusque-là signalé plutôt par
son ardeur dans les guerres offensives, et qui montrait non moins de talent dans la guerre défensive. Il
savait que c'était par là que l'armée alliée se proposait de l'attaquer et de pénétrer ensuite dans la Champagne. Villars désirait cette attaque, prêt à la recevoir vigoureusement. Enfin, le 11 juin, cette grande
armée composée d'Anglais, de Hollandais, d'Alle-
mands de toutes les provinces de l'Empire, commandée par leurs princes, et en chef par le fameux
Marlborough et le prince de Bade, s'ébranla. Des environs de Trèves, où elle s'était assemblée, elle se
déploya sur les rives de la Sarre, qu'elle passa après
avoir reçu toutes les provisions de guerre nécessaires
pour combattre. Par une marche forcée, elle vint
camper le 15 au matin devant l'armée française.
Marlborough avait publié partout qu'il ferait reculer
Villars ou qu'il le battrait.

Pendant quatre jours, les généraux ennemis exa-
minèrent le camp du maréchal sur tous les points,
et tinrent plusieurs conseils. Enfin, dans la nuit du
16 au 17, ils se retirèrent tout à coup et en si grand
silence, que Villars n'en fut averti qu'au point du
jour. Le duc de Marlborough était si honteux de cette
retraite, qui fut partout regardée comme une dé-

faite, qu'il crut devoir s'excuser auprès de Villars
s'il ne l'avait pas attaqué; mais que la faute en était
au prince de Bade, qui lui avait manqué de parole,
et que jamais il ne se consolerait d'avoir manqué
cette occasion de se mesurer avec lui.

Malgré cette courtoisie de son ennemi, le maréchal, fidèle à sa maxime favorite, qu'il faut reprendre l'offensive dès que l'on n'est plus réduit à la
défensive, fit poursuivre vivement l'armée alliée. Sa
marche fut si rapide, qu'il enleva en peu de temps
Trèves et Sarrebourg, où les alliés avaient d'immenses magasins. Se portant ensuite en Alsace, il
force les lignes de Weissembourg (3 juillet), taille en
pièces le corps qui les défendait, et se présente devant Lauterbourg. L'ennemi y avait un camp retranché, défendu par le canon de cette place : il
recevait des renforts continuels, tandis que Villars
venait d'être considérablement affaibli par les détachements qu'il avait eu ordre d'envoyer en Flandre.
Il se vit donc forcé de remettre à la campagne prochaine ses projets sur cette place.

Au commencement de cette année (1706), le roi
érigea en duché la terre de Vaux, appartenant au
maréchal de Villars, qui prit dès lors le titre de duc.
Le maréchal regarda cette nouvelle faveur du roi
comme un encouragement, et dès le commencement

de la campagne il donna de nouvelles preuves de son
activité et de sa bravoure. Il revint se présenter devant Lauterbourg. Des inondations d'un quart de
lieue de large couvraient cette place. Le maréchal
Marsin prétendait qu'il y aurait témérité à attaquer.
Villars, pour toute réponse, crie *Marchons!* et se
jette le premier à l'eau. L'ennemi, déconcerté, se
laisse forcer dans Lauterbourg et dans Haguenau, où
il avait toute son artillerie de réserve et des munitions immenses.

Au moment où le duc de Villars s'apprêtait à tirer
parti de ces avantages, il reçut la nouvelle de la
bataille de Ramillies, perdue en Flandre par le maréchal de Villeroi. Villars caractérise cet événement
désastreux comme « la plus honteuse, la plus humi-
liante, la plus funeste des défaites. » Ce malheur
changea toutes ses dispositions. Le ministre de la
guerre lui retira ses meilleures troupes, et lui offrit
d'aller commander, sous le duc d'Orléans, l'armée
que le duc de Vendôme laissait en Lombardie, pour
prendre le commandement de celle de Villeroi. Villars, nous avons déjà eu occasion de le remarquer,
n'était nullement disposé à servir sous les ordres
d'un autre, fût-ce un prince du sang. Il fit valoir
d'une manière fort adroite les motifs de son refus au
roi, et parvint à obtenir que ce fût le maréchal

Marsin qui allât rejoindre le duc d'Orléans en Italie. Enfin, on le laissa sur le Rhin. Mais la faiblesse du corps qu'il commandait ne lui permit de tenter aucune action sérieuse pendant le reste de la campagne : seulement il fit reconnaître avec beaucoup de soin les lignes de Stolhoffen, occupées par les ennemis, et il forma la résolution de les attaquer dans la campagne suivante.

Ces fameuses lignes de Stolhoffen, situées à quelques lieues au-dessous de Strasbourg, étaient formées le long du Rhin qui les couvrait, de doubles retranchements élevés en amphithéâtre et flanqués de grosses redoutes. Ces lignes, regardées comme imprenables, s'étendaient depuis Philisbourg jusqu'à Stolhoffen, et retournaient en équerre depuis Stolhoffen jusqu'aux montagnes. Cet immense camp retranché était défendu par une nombreuse artillerie et par une armée de plus de quarante mille hommes.

Il fallait tout le génie de Villars pour concevoir la possibilité d'enlever ces lignes avec le peu de moyens qu'il avait à sa disposition, et toute son audace pour mettre ce projet à exécution.

Les ennemis avaient négligé d'occuper l'île de Neubourg, située entre Lauterbourg et Hagenbach : avec cette rapidité de coup-d'œil qui le caractérisait, Villars eut bientôt reconnu cette faute, et résolut d'en profiter. La difficulté n'était pas d'exécuter ce projet, car cette île était d'un abord facile ; mais il fallait cacher ce dessein aux ennemis étendus sur tous les bords du Rhin, et tellement maîtres du cours de ce fleuve, qu'aucun bateau ne pouvait passer de Strasbourg au Fort-Louis sans être découvert. Pour parer à cet inconvénient, le maréchal fit construire à Strasbourg toute une petite flottille qu'il fit conduire par terre jusqu'en face de l'île de Neubourg. Les précautions les plus minutieuses furent prises pour que ce transport s'effectuât sans donner l'éveil à l'ennemi.

Lorsque tous ces apprêts furent terminés, Villars donna une grande fête, *avec festin et comédie*, aux dames de Strasbourg. Il y invita tous ses officiers-généraux et un grand nombre d'autres d'un grade inférieur. Tous, depuis le maréchal jusqu'aux simples lieutenants, ne paraissaient occupés que de la fête. Seulement, de temps en temps, et de l'air le plus naturel du monde, il s'entretenait quelques instants en particulier avec chacun des officiers supérieurs. Ces conversations, qui, aux yeux de ceux qui n'étaient pas dans le secret, n'avaient d'autre caractère que des marques touchantes d'intimité données par le maréchal à ses compagnons d'armes, avaient en réalité un but bien autrement sérieux. Il leur don-

nait ses dernières instructions, leur assignait le poste
où chacun devait se rendre à la sortie de la fête.
Les généraux sortirent l'un après l'autre, sans affec-
tation, et à peine leur départ fut-il remarqué. Villars quitta les salons le dernier, et à cinq heures du
matin il passa sur le pont de Kehl avec tout l'état-
major de l'armée, pour induire les Impériaux en
erreur, et leur faire supposer que c'était de ce côté
qu'il méditait son attaque principale.

A l'heure fixée, la flottille française, sortie de l'île
de Neubourg, débarque sur le front même des
lignes ennemies, et les emporte avec une audace inconcevable. Les Impériaux, qui ne s'attendaient nullement à être attaqués de ce côté, n'étaient qu'en
très-petit nombre, et s'enfuirent après avoir déchargé
leurs fusils. Les généraux alliés, au bruit de la fusil-
lade, voulurent envoyer des renforts sur ce point;
mais il y eut de la lenteur, de l'hésitation; et quand
ils arrivèrent, les Français avaient eu le temps de se
retrancher solidement; des bataillons nombreux avec
de l'artillerie et de la cavalerie étaient venus soutenir les premiers assaillants. Les ennemis, en voyant
la contenance des Français, n'osèrent pas tenter une
attaque, et se retirèrent.

Pendant que l'attaque principale réussissait avec
un si éclatant succès, le canon ne cessait de tonner

sur les divers points des fausses attaques, de sorte
que l'ennemi, frappé d'épouvante, se hâta de gagner
les montagnes, abandonnant son camp tout tendu.
Les Français y trouvèrent cent soixante pièces de
canon, quarante milliers de poudre, des boulets et
grenades à proportion, des magasins immenses de
farine et d'avoine, des quantités d'habillements complets de quoi vêtir plusieurs régiments, etc. Et ce
qu'il y eut de plus heureux, c'est que ce grand et
prodigieux succès ne coûta pas la vie d'un seul
homme (25 mai 1707).

CHAPITRE V

Suite de la prise des lignes de Stolhoffen. — Il met à contribution
une partie de la Franconie et de la Souabe, s'empare du duché de
Wirtemberg, bat le général James, et lève plus de vingt millions de
contributions sur l'Empire. — Discipline qu'il établit dans son armée.
— Respect des soldats pour tout ce qui touche à la religion. — Anecdote
curieuse à ce sujet. — Projet de Villars de joindre son armée à celle du
roi de Suède. — Ce projet échoue. — On retire les meilleures troupes
de son armée. — Il est obligé de se rapprocher des frontières. — Contributions énormes qu'il ramène avec lui. — Partage qu'il en fait. —
L'ennemi n'ose le poursuivre pendant sa retraite. — Escarmouche près
de Dourlac. — Villars reçoit l'ordre de ramener son armée en deçà du
Rhin. — Il est envoyé en Dauphiné (1708). — Il pénètre dans le Piémont et s'empare de Sézannes. — Siège de Lille. — Avis de Villars. —
Il est négligé. — Prise de cette ville. — Campagne de 1709. — Villars
est nommé au commandement de l'armée de Flandre. — Ses efforts
pour remonter le moral des soldats. — Complet dénuement du trésor
royal. — Paroles du roi à Villars au moment de son départ pour
l'armée.

Le soir même de ce brillant fait d'armes, le maréchal établit son quartier général à Rastadt. Le lendemain, il occupa Stuttgard, et poussa en Franconie
et en Souabe des partis qui mirent à contribution plus
de cinquante lieues de pays ; il s'empara du duché
de Wirtemberg, fit contribuer Ulm et même des

villes au-delà du Danube, prit Schorendorf, battit
le général James à l'abbaye de Lorch, le fit pri-
sonnier avec plus de deux mille hommes, envoya
des éclaireurs jusqu'à Mariendal, et tira ainsi de
l'Empire plus de vingt millions de contributions.
Ainsi furent tellement réparés les désastres de la
seconde bataille d'Hochstett, par celui qui avait
gagné la première, qu'il exigea le paiement de tout
ce qui était dû aux Français avant cette malheureuse journée. Pendant cette invasion au cœur de
l'Allemagne, malgré les combats presque journa-
liers qu'il fallait livrer, Villars parvint à établir
une discipline parfaite dans son armée. Comme
au moyen des contributions qu'il levait sur le
gouvernement et les villes, il pouvait subvenir
aux dépenses des soldats, il défendit à ceux-ci
de piller et de rançonner les paysans, de se livrer
à aucun désordre propre à entraîner des soulève-
ments dans les gens du pays, et surtout de montrer en toute occasion un profond respect pour les
églises, pour les prêtres, pour les couvents, afin
qu'on les reconnût partout pour des soldats du
roi très-chrétien, et non pour des mécréants et des
infidèles.

Cette discipline fut si bien observée que les
paysans ne prenaient plus la fuite à l'approche des

Français, et qu'ils leur fournissaient tout ce dont
l'armée avait besoin, certains qu'ils étaient d'être
payés. Quant au respect recommandé pour tout ce
qui touchait à la religion, Villars ne fut pas moins
scrupuleusement obéi, et à l'appui nous citerons
un fait qu'il raconte lui-même et qui est vraiment
remarquable.

C'était après le combat de l'abbaye de Lorch.
Villars poursuivait vivement l'ennemi. Huit cents
grenadiers commandés par le marquis de Nangis
traversaient rapidement un village, que venait de
quitter l'arrière-garde ennemie. En ce moment les
habitants, avec leur curé, faisaient la procession de
la Fête-Dieu. L'apparition des Français ne les dé-
rangea pas de leurs pieux exercices, pensant bien
qu'ils passeraient sans les insulter. Mais quel ne fut
pas leur étonnement quand tout à coup, sur un signe
de leur commandant, les grenadiers font halte,
présentent les armes, mettent le genou en terre,
attendant dans cette attitude respectueuse la bénédiction du Dieu des armées. Le curé s'arrêta aussitôt, et, comprenant leur intention, leur donna
la bénédiction du Saint-Sacrement. Cette cérémonie terminée, la procession reprit paisiblement
sa marche, et les grenadiers s'élancèrent plus gaiement à la poursuite de l'ennemi. Ils rejoignirent

bientôt l'arrière-garde qu'ils poursuivaient. Un lieutenant-colonel fut pris avec cinq capitaines, et on ramena cent cinquante prisonniers et plus de trois cents chevaux.

En se voyant de nouveau au centre de l'Allemagne, Villars conçut un projet qui devait sourire à son imagination ardente. Charles XII, roi de Suède, après avoir fait élire Stanislas roi de Pologne, était venu cette année même (1707) occuper la Saxe avec des forces redoutables. Il paraissait incertain de quel côté il porterait les armes, de l'Empire ou de la Russie. Villars, plein d'espoir dans le caractère aventureux du monarque suédois, s'empressa de lui faire proposer de joindre ses troupes à celles de Louis XIV. Le point de réunion devait être Nuremberg; de là les Français et les Suédois réunis se portaient rapidement sur Ratisbonne, s'emparaient du cours du Danube, et marchaient droit sur Vienne. Selon toutes les probabilités, c'en était fait de l'Autriche, et Charles XII aurait eu la gloire d'achever ce qu'avait tenté Gustave-Adolphe. « Charles, dit Villars, répondit très-poliment à ma proposition, m'envoya son portrait avec des compliments très-gracieux et très-flatteurs; mais il ne donna aucune espérance de jonction ni de concert pour la guerre. J'ai su depuis que son principal ministre,

le comte Pijoer, avait été gagné par Marlborough,
et qu'il porta ce prince intrépide et jaloux de la
gloire d'Alexandre le Grand, à entreprendre de
traverser autant de terres que ce fameux conqué-
rant, comptant, à son exemple, attaquer des barbares. Mais les barbares que faisait fuir Alexandre
occupaient les plus riches contrées de la terre, et
ceux que chassait le roi de Suède ne lui abandon-
naient que des déserts. De sorte que son armée,
à demi défaite par la famine et par les rigueurs
de l'hiver dans des pays affreux, périt enfin à Pul-
tawa. »

Malgré la chute de ses espérances de ce côté, on
ne sait où se seraient arrêtés ses succès en Allemagne, si on lui eût envoyé des renforts pour remplir au moins les vides occasionnés par les pertes
éprouvées sur les champs de bataille, et surtout par
les garnisons laissées dans les villes pour maintenir
ses communications avec ses ponts du Rhin. Mais
au lieu de renforts, on lui retira la plus grande
partie de ses meilleures troupes, pour les envoyer
dans la Provence, menacée d'une invasion.

Pendant que son armée diminuait, celle des
alliés allait s'augmenter considérablement par la
jonction des troupes de Saxe et de Hanovre. Villars
comprit aisément que le projet des ennemis était de

le forcer à une bataille avec une armée bien infé-
rieure à la leur; son but, à lui, était de l'éviter en
se retirant peu à peu, et occupant des postes convenables pour la sûreté de l'armée et la commodité
des subsistances. Il commença à réunir ses troupes,
qu'il avait envoyées de divers côtés assez loin, ou
pour lever de nouvelles contributions, ou pour recueillir ce qui restait à payer des premières.
Personne ne manqua, et ses agents s'acquittèrent si
bien de leur mission qu'ils lui rapportèrent des
sommes énormes.

« J'en fis, dit le maréchal, l'usage que j'avais
fait de toutes les autres dès le commencement de
cette campagne, c'est-à-dire que je les divisai en
trois parts : la première destinée à payer l'armée,
qui ne coûta rien au roi cette année; avec la seconde, je retirai les billets de subsistance qu'on
avait donnés l'année dernière aux officiers, faute
d'argent, et j'en envoyai une grosse liasse au ministre des finances. Je destinai la troisième à *en-
graisser mon veau* (sa terre de Vaux, récemment
érigée en duché-pairie). C'est en ces termes que
je l'écrivis au roi, qui eut la bonté de me répondre que je n'avais fait que prévenir ses intentions.
On me manda à cette occasion qu'un courtisan ayant
dit au roi : « Il faut convenir que M. de Villars

fait bien ses affaires. — Oui, répliqua le roi, mais il faut convenir qu'il fait bien aussi les miennes. »

Tous ces arrangements terminés, le maréchal opéra son mouvement rétrograde lentement et comme s'il eût été parfaitement maître de ses mouvements. L'armée ennemie le joignit le 15 juillet près de Dourlac; malgré la supériorité du nombre, elle n'osa pas attaquer les Français qui occupaient une position parfaitement choisie par le maréchal. Alors celui-ci démasqua deux batteries d'artillerie, qui occasionnèrent de grands désordres et firent de grands ravages dans l'armée ennemie. Les soldats abandonnèrent le camp sans ordre; la cavalerie monta à cheval et se retira hors de portée de l'artillerie française. Cette escarmouche, ou plutôt cette canonnade, car il n'y eût pas un homme engagé, coûta aux ennemis cinq capitaines, plus de trois cents hommes et grand nombre de chevaux.

Cet événement rendit l'ennemi plus circonspect, et le reste de juillet et le mois d'août tout entier s'écoulèrent sans qu'il y eût de part ni d'autre la moindre tentative agressive. Cependant l'armée ennemie grossissait journellement; ces nouveaux renforts étaient composés d'excellents soldats saxons et hanovriens, commandés par l'électeur de Hanovre

(depuis roi d'Angleterre sous le nom de Georges 1er).
Ce prince était beaucoup plus entreprenant et surtout plus capable que le margrave de Bareuth, qui
avait remplacé le prince de Bade, mort le mois de
janvier précédent. Villars songea alors sérieusement à
s'éloigner, et il vint camper à Rastadt dans les derniers jours d'août.

A l'inaction des ennemis, Villars jugea qu'il n'y
aurait pas de grands événements le reste de la campagne. Il forma le projet d'établir ses quartiers
d'hiver sur la rive droite du Rhin, en pays ennemi, afin d'être prêt au printemps suivant de pénétrer de nouveau en Allemagne, si, comme il le
pensait, l'expulsion des ennemis de la Provence
permettait de lui renvoyer ses troupes. Les ennemis,
pénétrant son dessein, cherchèrent à l'inquiéter
par les vallées des Montagnes-Noires. Il y eut, à
l'occasion de ces tentatives, de petits combats mêlés
de revers et de succès, mais qui n'eurent rien de
décisif. Ce fut dans une de ces rencontres que le
marquis de Vivans fut surpris avec quelques cents
hommes et battu par deux mille Impériaux commandés par le comte de Marci. Cet échec, qui eut
lieu le 24 septembre, aux environs d'Offembourg,
fut promptement réparé. Nous n'en aurions même
pas parlé, si un grave historien, le président Hé-

nault, ne l'eût présenté comme la cause qui força Villars à repasser le Rhin. Cet événement eut si peu d'influence sur le plan que s'était formé le maréchal, qu'au mois d'octobre toutes ses mesures étaient prises pour prendre ses quartiers d'hiver au-delà du Rhin, si on lui envoyait des troupes, comme il ne cessait de demander, pour l'exécution d'un tel projet. Mais le roi avait d'autres vues, et vers la fin d'octobre il lui envoya l'ordre exprès de repasser le Rhin. « J'évacuai, non sans regret, dit Villars, ces places où je m'étais si bien établi ; mais je remportai du moins la satisfaction d'avoir fait respecter les armes du roi, depuis le lac de Constance jusqu'à Mayence, et depuis Francfort et Philisbourg jusqu'à Nuremberg, dans une étendue de plus de trois cents lieues de pays, qui avait assez bien payé les frais de la guerre. »

Au printemps de 1708, Villars était retourné en Alsace dans l'espoir de reprendre ses projets de l'année précédente. Mais tout à coup il reçut l'ordre de se rendre à la cour, et là le roi le chargea d'aller commander l'armée rassemblée en Dauphiné, pour tenir tête au duc de Savoie qui menaçait nos frontières, depuis le pont de Beauvoisis jusqu'à la mer. Cette campagne offre peu d'incidents remarquables.

Seulement, malgré le petit nombre de troupes dont il pouvait disposer, il sut tellement imposer à l'ennemi, que celui-ci n'osa franchir la frontière de France sur aucun point, tandis que Villars pénétra dans le Piémont, malgré les difficultés des chemins que l'on disait impraticables, et s'empara de la ville de Sézanne à la vue du duc de Savoie. En voyant ce succès, le prince ne put s'empêcher de s'écrier : « Il faut que le maréchal de Villars soit sorcier, pour savoir tout ce que je dois faire ; jamais homme ne m'a donné plus de peine ni plus de chagrin. » Mais la lâcheté du commandant d'Exile et l'abondance précoce des neiges paralysèrent ces premiers succès, et forcèrent Villars à ramener ses troupes en France, où il les renvoya dans leurs quartiers d'hiver.

Tandis que Villars garantissait les frontières du sud-est de la France, de graves dangers menaçaient notre frontière de Flandre. Lille était assiégée, et la mésintelligence qui régnait entre les généraux de notre armée du Nord, les empêcha de rien faire pour ravitailler ou délivrer cette place importante. Villars, instruit de l'état des choses, ne cessait d'écrire lettre sur lettre du Dauphiné où il se trouvait encore, pour donner son avis sur ce qui était le plus urgent. La conclusion de toutes ses lettres était qu'il fallait

7

donner une bataille pour dégager Lille : « Turenne, notre maître à tous, ajoutait-il, avait pour maxime qu'il faut combattre pour sauver les places de première ligne, parce que plus tard on se verra toujours forcé de combattre pour celles de la seconde. »

Cet avis ne put prévaloir dans le conseil des généraux, où se trouvaient deux princes du sang, « et la ville de Lille, dit Villars, assiégée contre toutes les règles de la guerre, fut prise ; la citadelle se rendit ensuite. » (1708.)

C'était un triste présage pour la campagne qui allait s'ouvrir, et combien la réalité allait dépasser les craintes les plus exagérées ! Le souvenir de l'hiver de 1709 n'est pas encore oublié. Ce nom rappelle à l'esprit tous les fléaux qui vinrent fondre sur la France dans cette fatale année : froid d'une rigueur excessive et jusqu'alors inconnu dans nos climats, famine qui exerce ses ravages sur le peuple et sur l'armée, maladies épidémiques, et, par-dessus tout, une guerre de jour en jour plus désastreuse, et qui menace de livrer le royaume, naguère si florissant de Louis le Grand, à la merci de ses ennemis.

Au milieu de cette crise terrible, Villars fut chargé de l'armée de Flandre, qui avait été si malheureuse depuis plusieurs années. Il ne put former de plan de campagne avant son départ, car il ignorait s'il trouverait encore une armée. Les ennemis publiaient et assuraient hardiment dans leurs journaux qu'elle n'existait plus, et qu'il était impossible aux Français d'en former une autre ou du moins de l'entretenir. Il trouva, en effet, les troupes dans un état déplorable : point de vêtement, point d'armes, point de pain. Ce n'était plus une armée, mais un assemblage d'hommes démoralisés par les souffrances de toute nature qu'ils éprouvaient depuis longtemps. C'est dans un moment si critique qu'il faut admirer la fermeté d'âme et la fécondité d'esprit de ce vrai modèle du guerrier français. Il passait une partie du jour à visiter les soldats dans leur chambre ou dans leur tente, mangeant du pain d'avoine avec eux, et leur communiquant par ses discours son exaltation chevaleresque et son inépuisable gaîté.

Il parvint ainsi à remonter le moral du soldat; mais les vivres manquaient toujours, et les distributions étaient irrégulières. « Quand une petite armée fut rassemblée, dit-il dans ses mémoires, un orage, une sécheresse me faisaient trembler, parce que j'étais obligé de faire moudre la nuit pour le lendemain matin, le matin pour l'après-

midi, et cuire tout de suite; or trop d'eau noyait
les moulins, trop peu les ralentissait. « Imaginez-
vous, écrivais-je au ministre (avril 1709), l'hor-
reur de voir une armée manquer de pain : il n'a
été délivré aujourd'hui que le soir, et encore fort
tard. Hier, pour donner du pain aux brigades que
je faisais marcher, j'ai fait jeûner celles qui res-
taient. Dans ces occasions, je passe dans les rangs,
je caresse le soldat, je lui parle de manière à lui
faire prendre patience, et j'ai eu la consolation d'en
entendre plusieurs dire : M. le maréchal a raison,
il faut souffrir quelquefois. »

Quand il vit son armée pleine de confiance et dispo-
sée à le seconder, il courut à Versailles pour prendre
les derniers ordres du roi, et surtout pour faire assurer
les subsistances de manière qu'elles n'arrivassent pas
au jour le jour, mais qu'on eût des magasins formés
sur lesquels on pût compter. Il eut deux conférences
avec le roi, en présence des ministres. Ceux-ci, après
avoir longtemps balbutié, avouèrent qu'ils étaient
dans l'impossibilité de former des magasins comme
le désirait le maréchal. « Ainsi, dit-il, ce que je
gagnai à mon voyage, fut de connaître que la cour
était sans ressource. » Quant aux opérations militaires dont il soumit le plan au conseil, on exa-
mina, on discuta, et on ne se fixa à rien. — Alors

le roi lui dit en l'embrassant : « Je mets ma confiance en Dieu et en vous, et ne puis rien vous ordonner puisque je ne puis vous donner aucun secours. »

CHAPITRE VI

Efforts de Villars pour procurer des vivres à son armée. — Il entre
en campagne avec une armée manquant de vivres, mais animée d'ardeur et de courage. — Il prend position entre Lens et la Bassée. —
L'armée alliée, commandée par Eugène et par Marlborough, s'avance
comme pour le combattre. — Après quatre jours passés à examiner sa
position, les ennemis se retirent et vont mettre le siége devant Tournai. — Petites escarmouches. — Prise de Tournai. — Boufflers vient
servir comme volontaire dans l'armée de Villars. — L'armée ennemie
s'approche pour livrer bataille. — Villars se prépare à la recevoir. —
Bataille de Malplaquet. — Blessure de Villars. — Les ennemis restent
maîtres du champ de bataille. — Leur perte est triple de celle des
Français. — L'armée française se retire en bon ordre. — Les alliés
vont faire le siége de Mons. — La blessure de Villars paraît d'abord
dangereuse. — Il se prépare à la mort et se fait administrer. — Belles
paroles qu'il dit à cette occasion. — Sa blessure prend un caractère
moins dangereux. — On le transporte à Versailles. — Marques d'intérêt
que lui témoigne Louis XIV. — Son plan pour la campagne de 1710.
— Il reprend le commandement de son armée. — Insignifiance de cette
campagne. — Villars est obligé d'aller prendre les eaux de Bourbonne.
— Détresse de l'armée au commencement de 1711. — Dénuement des
finances publiques et privées. — Commencements sinistres de l'année
1712. — Paroles mémorables du roi à Villars.

Villars s'empressa de rejoindre son armée. Son
absence n'avait été que de cinq jours, du 9 au 13
mai. A son retour il fit des efforts incroyables pour
tirer des grains de la Normandie, de la Picardie,
du Soissonnais et de la Champagne. « Enfin, dit-il,

on força tout : on fit moudre jour et nuit, et l'on
espéra d'avoir pour la fin du mois sept mille sacs
de farine, et *assez de pain pour donner une bataille
si les ennemis en avaient l'intention*, et de la donner quand même ils ne le voudraient pas, puisqu'il
n'y avait pas de parti plus déplorable que de leur
laisser la liberté d'entrer dans le royaume. » Com-
prend-on tout ce qu'il y a de misères, de souffrances
et d'héroïsme dans ces mots : « On espéra avoir
assez de pain pour donner une bataille! »

Les ennemis paraissaient plutôt disposés à attaquer les premiers. Leur armée, qui comptait cinquante mille hommes de plus que celle de Villars
et une artillerie formidable, était commandée par
les deux plus grands généraux de cette époque,
Marlborough et le prince Eugène. En apprenant leur
mouvement, Villars se hâta de réunir toutes ses
troupes, qu'il avait laissées séparées pour la facilité
des subsistances. Le 27 mai, il alla camper à Lens
avec quarante bataillons, et il fit approcher le reste
à une journée de là, étant forcé de régler leurs
mouvements sur la quantité des vivres et fourrages
qu'il était possible de se procurer. Au reste les
troupes montraient une fermeté admirable. « En-
trant en campagne sans pain, presque tous les capitaines d'infanterie à pied, et ne comptant, aussi

bien que les subalternes et le soldat, que sur le
seul pain de munition, il semblait que l'extrémité où
nous nous trouvions réduits enflammât le courage des
troupes, et je ne les ai jamais trouvées si animées [1]. »

Le 14 juin, Villars prit une forte position entre
Lens et la Bassée. Les ennemis s'approchèrent avec
toutes leurs forces, la droite étant commandée
par le prince Eugène, et la gauche par le duc de
Marlborough. Ils se présentèrent devant l'armée française le 25. Nos soldats s'attendaient à être attaqués,
et frémissaient d'impatience; mais après quatre jours
de vaine attente, les généraux ennemis, ayant passé
ce temps à prendre une connaissance parfaite de
leur position, résolurent un changement de front,
et toute l'armée alliée se porta sur Tournai (27, 28
et 29 juin) pour en faire le siège.

Cette détermination des ennemis soulagea Villars
d'un grand poids, car il était persuadé que le siège

---

[1] Mémoires de Villars. — On faisait à la cour honneur à Villars de
cette heureuse disposition des troupes; Mme de Maintenon lui écrivit
à ce sujet qu'en lui voyant faire de tels miracles, on le regardait
à Saint-Cyr comme un saint. « Je remercie, répondit-il, les dames
de Saint-Cyr de l'opinion qu'elles veulent bien avoir de ma sainteté; je voudrais bien qu'elle fût fondée, parce que j'aurais pour
mon salut et celui de l'Etat toutes les qualités nécessaires. Per-
mettez-moi de me compter avant l'Etat quand je parle de mon
salut : quand il ne sera question que de ma vie, je la mettrai à
sa place. »

de Tournai les occuperait le reste de la campagne
et lui donnerait le temps de recevoir des renforts
suffisants pour le mettre en état de se mesurer avec
eux avec des chances plus égales que celles du moment. Villars employait ce temps en petites expéditions pour entretenir l'haleine de ses soldats. Il
enleva ainsi plusieurs petites forteresses, d'une importance secondaire, entre autres la citadelle de
Warneton, qui fut emportée par le lieutenant-général
comte d'Artagnan, avec une telle promptitude et
une telle audace, que Villars ne tarit pas sur les
éloges qu'il fait de cet officier-général.

Malheureusement ces petites escarmouches étaient
sans résultat pour le siége de Tournai ; cette place
succomba beaucoup plus tôt que Villars ne l'avait
calculé : elle capitula le 29 juilllet ; la citadelle tint
jusqu'au 2 septembre.

Sitôt que les ennemis furent débarrassés du siége
de Tournai, ils s'approchèrent des lignes françaises,
dans l'intention évidente de livrer bataille. C'est
dans ce moment que le maréchal de Boufflers, son
ancien, vint se mettre sous ses ordres comme
simple volontaire. Villars fit aussitôt ses dispositions
pour recevoir les alliés entre Aulnois et Malplaquet,
sur la gauche de Bavay, endroit assez ouvert pour
donner à l'ennemi l'envie de s'y enfoncer, mais

assez bien garni de bois sur les côtés pour n'être
pas accablé par le nombre. Prévoyant que les principaux efforts des alliés seraient dirigés contre sa
gauche, Villars prit lui-même le commandement de
cette aile, priant le maréchal de Boufflers de se
charger du commandement de la droite, où se trouvait la maison du roi. Les ennemis tombèrent avec
cinq lignes d'infanterie sur cette gauche, qui sou-
tint admirablement cette attaque. Seulement l'infanterie qui défendait le bois de Sart, n'étant pas
soutenue, dut quitter ce bois et rejoindre douze
bataillons de réserve. Les Anglais s'emparèrent aussitôt de ce bois, et bientôt en sortirent fièrement.
Villars, qui avait observé leur mouvement, les laissa
s'engager, et quand il jugea le moment favorable,
il donna le signal de la charge. A l'instant nos soldats s'élancèrent avec l'impétuosité de la foudre ;
rien ne put leur résister ; l'ennemi écrasé s'enfuit
en désordre. Rassuré sur le sort de l'aile gauche
de son armée, Villars se disposait à passer au
centre, lorsqu'un coup de fusil abattit son cheval ;
au moment où il se relevait, un second lui cassa
le genou. Il se fit panser sur la place, et placer
sur un brancard, pour continuer à donner ses
ordres. Mais bientôt la douleur le fit évanouir, et
on l'emporta sans connaissance.

Il n'y avait pas plus d'une heure que la bataille
était engagée, quand arriva ce funeste événement.
Partout, dans ce commencement, l'avantage était
pour nous. La droite, commandée par le maréchal
de Boufflers, avait repoussé avec une égale vigueur
les attaques réitérées du prince Eugène. L'infanterie
hollandaise fut chargée à la baïonnette et presque
entièrement détruite. Mais, tandis que les deux ailes
étaient victorieuses, le centre, commandé par un
officier-général qui fut tué à la première décharge,
tomba dans le désordre. Marlborough en profita et
pénétra entre les deux ailes. Il faillit payer cher un
succès aussi hasardé : le maréchal de Boufflers ac-
courut avec la maison du roi, et reprit tout le terrain perdu. Si dans ce moment Villars eût été là
pour juger la situation avec son coup-d'œil d'aigle,
la victoire était à nous; car il eût ordonné à l'officier-
général, à qui Boufflers avait laissé le commandement
de la droite, de fondre avec toutes ses forces sur la
colonne ennemie. En vain les chefs de corps le
pressaient d'exécuter ce mouvement, qui paraissait
tout naturel aux hommes versés dans l'art de la
guerre; il ne voulut rien entendre, et répondit qu'il
ne voulait pas se charger d'une telle responsabilité
sans en avoir reçu l'ordre de ses chefs. Cet entêtement
décida du sort de la journée. Les deux ailes n'ayant

plus de communication entre elles, il fallut se décider à la retraite. Elle se fit en bon ordre sur le Quesnoy et Valenciennes. Boufflers la dirigea avec tant d'ordre et de prévoyance, qu'il ne laissa à l'ennemi ni canons ni prisonniers.

Du reste, Eugène et Marlborough étaient hors d'état de poursuivre un avantage acheté au prix de tant de sang. Trente-cinq mille hommes de leurs meilleures troupes étaient restés sur le champ de bataille, tandis que les Français n'eurent à regretter la perte que de sept à huit mille hommes. Les ennemis nommèrent eux-mêmes une *boucherie* cette terrible bataille de Malplaquet (11 septembre 1709). Une particularité encore remarquable, c'est que les Français emportèrent trois fois plus de drapeaux à l'ennemi qu'ils n'en laissèrent entre ses mains. Aussi Villars, en envoyant ces drapeaux au roi, lui mandait-il : « Si Dieu nous fait la grace de perdre encore une pareille bataille, Votre Majesté peut compter que ses ennemis sont détruits. » Quand il apprit sur son lit de douleur l'issue de la journée, il voulait que l'on reprît l'offensive dès le lendemain ; mais déjà les alliés rétrogradaient pour aller faire le siége de Mons.

Les premiers jours de la blessure de Villars furent marqués par des accidents assez fâcheux. La fièvre survint avec des redoublements et l'insomnie ; on parla de lui couper la cuisse. « Je ne m'aveuglai pas sur ma situation, dit-il ; et quoiqu'on voulût me rassurer, je me préparai à la mort. « Il se confessa et demanda de recevoir le saint viatique. On lui proposa de laisser faire cette cérémonie en secret, il s'y refusa en disant : « Non ; puisque l'armée n'a pu voir Villars mourir en brave, il est bon qu'elle le voie mourir en chrétien !.. » Heureusement pour la France, Villars devait survivre et servir encore glorieusement sa patrie.

« Les bons soins qui me furent prodigués, dit Villars, joints à la satisfaction que je ressentais des lettres consolantes et affectueuses que je reçus du roi, des princes, de presque toute la France, mirent ma guérison en bon train. Sa Majesté m'éleva à la dignité de pair de France, y joignit le gouvernement de Gravelines que j'avais demandé pour mon frère, et m'annonça en même temps qu'il créait maréchal de France M. d'Artagnan, que je lui avais souvent recommandé. M. d'Artagnan prit le nom de maréchal de Montesquiou. »

Au bout de quarante jours, on le jugea en état d'être transporté à Paris. Le roi voulut l'avoir à Versailles, où il lui fit préparer dans le château l'appartement du prince de Conti. Dès qu'il fut arrivé,

Louis xiv l'honora de sa visite et s'entretint longtemps
avec lui des affaires publiques. Il termina cette conversation de plus de deux heures, en le priant de
songer à ce qu'on pourrait faire la campagne prochaine, et en l'exhortant à avoir soin de sa santé,
autant dans l'intérêt du roi que dans le sien. Ces
marques de la confiance du maître firent taire tous
les envieux qu'il avait à la cour; chacun s'empressa
de le visiter, princes, ministres, grands seigneurs,
amis et ennemis; « et comme on me croyait, dit-il,
l'objet privilégié de la faveur, je fus pendant tout
mon séjour l'idole de la cour. »

Le plan qu'il proposa au ministre pour la campagne de 1710, d'après le désir que lui en avait témoigné le roi, a quelque rapport avec celui que présenta
Carnot en 1794. Villars proposait de renoncer à la
guerre de chicane et de position, pour marcher par
le pays le plus ouvert, et aller droit à l'ennemi tête
baissée. Ce plan fut loué, mais, comme s'en doutait
Villars, ne fut pas adopté.

A peine guéri et ne pouvant monter à cheval qu'à
l'aide d'un appareil de fer qui lui emboitait le genou,
il alla reprendre le commandement de son armée.
Il s'attacha d'abord à rappeler cette gaieté « qui,
dit-il, est l'âme de la nation. » Alors commença
cette campagne de 1710, qui ne fut qu'une suite de

marches et de contre-marches qui fatiguèrent l'armée et n'empêchèrent pas Eugène et Marlborough de nous prendre successivement Douai, Béthune, Aire et Saint-Venant. Il est vrai que Villars, dont la blessure s'était rouverte, avait été obligé de quitter le commandement de l'armée et de le remettre au maréchal d'Harcourt. Il se rendit aux eaux de Bourbonne, qui lui furent très-salutaires.

Au commencement de 1711, Bouchain fut encore enlevé. Au printemps, Villars était de nouveau à la tête de son armée, mais avec défense absolue de combattre, car cette armée était la dernière espérance de la monarchie. Malgré tous les efforts du maréchal, son armée était encore dans la plus profonde détresse. Fénelon, qui était sur cette frontière, dans son archevêché de Cambrai, et qui avait fait de son palais épiscopal une ambulance, écrit : « On n'a guère que du pain d'avoine; les blessés manquent de bouillon, de linge et de médicaments, et les prisonniers qui sont en Hollande y meurent de faim, faute de paiement de la part du roi. » C'était le temps où Louis XIV empruntait à 400 pour 100, et il payait comme on paie quand on est réduit à de pareilles extrémités. A l'intérieur, les rentiers s'estimaient heureux de recevoir un quartier sur trois ou quatre; et à l'armée, au lieu d'argent, le gouvernement donnait

aux officiers des bons de subsistance qui perdaient
80 pour 100. Villars ne réussissait à faire supporter
la misère qu'en affectant la confiance et en ayant
soin d'entretenir toujours la gaieté du soldat. Il termina cette campagne, où il avait été tenu dans une
inaction forcée, par deux actions d'éclat. Il reprit
le château d'Arleux, qu'il fit démanteler et dont il
envoya l'artillerie à Cambrai; enfin il enleva un camp
autrichien sous le canon de Douai.

Au commencement de 1712, l'avenir le plus
sinistre s'ouvrait pour Louis XIV. Le roi, déjà accablé par le poids des années et des malheurs, fut tout
à coup éprouvé par les plus cruelles adversités. Une
mort soudaine moissonna toute sa famille, pendant
que l'ennemi renversait l'une après l'autre toutes les
barrières qui défendaient le cœur du royaume. Rien
n'est touchant comme l'entrevue de ce prince et du
maréchal, au moment où celui-ci venait recevoir ses
ordres pour la campagne qui allait s'ouvrir. « Quand
j'allai le voir à Marly, la fermeté du monarque fit
place à la sensibilité de l'homme; il laissa échapper
des larmes, et me dit d'un ton pénétré qui m'atten-
drit : « Vous voyez mon état, M. le maréchal. Il y a
peu d'exemples de ce qui m'arrive, et que l'on perde
dans la même semaine son petit-fils, sa petite-belle-
fille et leur fils, tous de très-grande espérance et

très tendrement aimés. Dieu me punit ; je l'ai bien mérité... Mais suspendons mes douleurs sur les malheurs domestiques, et voyons ce qui peut se faire pour prévenir ceux du royaume. La confiance que j'ai en vous est bien marquée, puisque je vous remets les forces et le salut de l'Etat. Je connais votre zèle et la valeur de mes troupes: mais enfin, la fortune peut vous être contraire. Si ce malheur arrivait, quel serait votre sentiment sur le parti que j'aurais à prendre? » A une question aussi grave et aussi importante, je demeurai quelques moments dans le silence ; sur quoi le roi reprit la parole et dit : « Les courtisans veulent que je me retire à Blois, et que je n'attende pas que l'armée ennemie s'approche de Paris ; ce qui lui serait possible si la mienne était battue. Pour moi, je sais qu'une armée aussi considérable ne saurait être assez défaite pour que la plus grande partie ne pût se retirer sur la Somme. Je connais cette rivière ; elle est très-difficile à passer ; il y a des places qu'on peut rendre bonnes. J'irai à Péronne ou à Saint-Quentin y ramasser tout ce que j'aurai de troupes, faire un dernier effort avec vous, et périr ensemble ou sauver l'Etat ; car je ne consentirai jamais à laisser approcher l'ennemi de ma capitale. Voilà présentement comme je raisonne ; dites-moi présentement votre avis. »

On comprend que les intentions manifestées par le roi étaient trop d'accord avec les propres idées de Villars, pour qu'il songeât à les combattre. Seulement le maréchal, tout en le remerciant de la faveur qu'il sollicitait depuis trois ans de livrer bataille à l'ennemi, dit qu'il espérait que Dieu nous ferait la grace de ne pas avoir à craindre les extrémités où Sa Majesté était résolue d'en venir pour le salut de son peuple et pour l'honneur national.

CHAPITRE VII

Forte position du prince Eugène. — Villars prend la résolution d'attaquer le camp retranché de Denain. — Détails sur cette importante bataille. — Victoire complète des Français. — Suites de cette victoire. — Délivrance des frontières. — Retraite des ennemis. — Accueil que Villars reçoit à Versailles. — Paix d'Utrecht, suite de la victoire de Denain. — L'empereur seul refuse d'accéder au traité. — Villars est envoyé à l'armée du Rhin. — Siége et prise de Landau. — Siége et prise de Fribourg.

La position était critique. Le prince Eugène était entre l'Escaut et la Sambre avec cent mille hommes. Il avait pris le Quesnoy, dans l'intervalle qui sépare les deux fleuves ; il occupait, sur le haut Escaut, Bouchain, d'où il contenait les garnisons de Valenciennes et de Condé ; il assiégeait Landrecies sur la haute Sambre, comptant s'en faire une barrière contre Maubeuge et Charleroy, et il appelait très-justement ses lignes, le *chemin de Paris*, car Landrecies tombé, il ne voyait plus de places fortes entre Paris et son armée. Déjà des détachements ennemis ravageaient la Champagne : Reims avait été insulté ; l'alarme était dans tout le royaume.

Cependant les constants succès des alliés dans les dernières campagnes avaient inspiré au prince Eugène une confiance qui lui fit commettre une imprudence grave. Tous ses approvisionnements lui arrivaient de la mer par l'Escaut; comme nous tenions encore Valenciennes et Condé, qui barrent ce fleuve. Eugène avait été contraint d'établir ses magasins à Marchiennes, sur un des affluents de l'Escaut, la Scarpe. De Marchiennes à Landrecies il y a environ quinze lieues. Eugène relia ces deux points par un corps qu'il établit à Denain, sur l'Escaut, dans un camp retranché, et en se portant lui-même derrière la Seille, à proximité de Landrecies, afin d'en couvrir le siége.

De tous les moyens de sauver cette place, dont la prise ouvrait à l'ennemi l'entrée de la Picardie et de la Champagne, le maréchal donna la préférence à l'attaque du camp retranché de Denain sur l'Escaut. Mais le succès d'un coup de main aussi hardi dépendait du plus profond secret. Il fallait donner le change au prince Eugène, lui faire croire qu'on en voulait à sa circonvallation autour de Landrecies, pour qu'il y portât ses principales forces tandis que les nôtres courraient à Denain; il fallait enfin, comme le dit Villars, pour mieux tromper l'ennemi, tromper l'armée française elle-même. Il la mit en mouvement dans la soirée du 23 juillet, et la fit bruyamment appuyer sur sa droite vers la Sambre. Les officiers-généraux furent eux-mêmes tellement trompés par ce mouvement, qu'ils crurent que Villars était décidé à forcer les lignes de Landrecies, et lui firent de vives représentations sur l'imprudence d'une pareille attaque. Mais la nuit venue, pendant que les hussards bordent la Seille pour que ni déserteur ni espion ne puisse passer à l'ennemi, trente bataillons font un mouvement à gauche et courent à l'Escaut avec des pontons. Au point du jour (24 juillet), on passe le fleuve sans obstacle : des marais inondés se trouvaient au-delà ; l'infanterie les traverse ayant de l'eau et de la boue jusqu'à la ceinture. On touche enfin aux redoutes de l'ennemi, au fameux *chemin de Paris.* Les redoutes sont emportées avec une telle rapidité, que bientôt l'infanterie française se range en bataille sur le terrain compris entre les deux lignes.

Cependant il n'y avait pas un moment à perdre pour enlever Denain, car Eugène, averti par la canonnade qu'il entendait, pouvait arriver d'un instant à l'autre, déboucher par cette place sur la rive gauche de l'Escaut, couper Villars du reste de son armée, l'acculer à la Sambre entre Douai et Marchiennes et l'y détruire. Le prince arriva effec-

tivement, mais de sa personne seulement. Toujours
persuadé que Villars voulait l'attaquer dans ses lignes de Landrecies, il regardait la démonstration
qui se faisait sur un autre point, comme une
fausse attaque ; mais quand il eut jugé par lui-
même du véritable état des choses, il comprit toute
l'étendue du danger qui le menaçait, et envoya en
toute hâte ses aides de camp donner ordre à ses
troupes d'avancer. Il exhorta le duc Albemarle, qui
commandait dans Denain, à tenir ferme en lui
promettant un prompt secours, et, pour en accé-
lérer la venue, il se porta sur une hauteur d'où il
apercevait déjà ses têtes de colonnes qui appro-
chaient. Villars les voit aussi, et juge qu'il
n'y a pas un instant, une minute à perdre. Il
marche aux retranchements de Denain ; il les trouve
couverts d'un fossé ; mais rien n'arrête l'impétuosité de ses grenadiers. Tout est emporté en
un instant. Tout ce qui ne tombe pas sous leurs
coups est forcé de mettre bas les armes. Le duc
d'Albemarle, fils du célèbre Monk, sept généraux, 60 drapeaux sont au pouvoir des vain-
queurs : les fuyards veulent s'échapper par les ponts
de l'Escaut, les ponts se rompent, et les restes des
24 bataillons sont tués ou pris. Le maréchal ordonne au comte de Broglie de se porter rapidement

sur Marchiennes, pendant qu'il marche lui-même au devant du prince Eugène qui accourait sur l'Escaut. Un pont n'avait pas été rompu ; Eugène veut en profiter, dès qu'il a quelques régiments sous la main ; il ordonne attaque sur attaque ; mais toute l'armée française borde le fleuve, et ses efforts n'aboutissent qu'à faire hacher en pure perte l'élite de son infanterie. Enfin, le prince de Savoie se retire la rage dans le cœur, forcé de reconnaître que son adversaire venait de prendre à Denain une éclatante et glorieuse revanche de la journée de Malplaquet (24 juillet 1712).

Jamais général ne profita plus complètement d'une grande victoire. Tous les postes le long de la Scarpe sont enlevés. Marchiennes, qu'il avait fait investir dans le temps même qu'il attaquait Denain, ouvre ses portes le 30 et lui livre cent canons, six mille prisonniers, d'immenses magasins. Eugène à son tour est dans la pénurie ; il ne peut continuer le siége de Landrecies. Villars, qui a ressaisi l'ascendant moral, ne craint pas de dégarnir ses places fortes. Il appelle à lui leurs garnisons, se fait ainsi une armée active supérieure en nombre à celle des ennemis, et prend partout l'offensive. Douai, Bouchain, le fort de Scarpe, le Quesnoy, qui renfermait un matériel immense, cent quarante mortiers,

cent seize canons de gros calibre et une quantité
de pièces de campagne, sont repris ; il fait mettre
bas les armes à plus de cinquante bataillons ; trente
généraux sont ses prisonniers. Enfin, les frontières
de la France comme la gloire du roi sont maintenant en sûreté. Tant de travaux glorieux s'accom-
plirent en soixante-cinq jours. Eugène, après quelques démonstrations impuissantes, avait complètement abandonné le terrain à son vainqueur, et
s'était retiré jusque sous les murs de Bruxelles.
Villars, n'ayant plus d'ennemi à combattre, se rendit
à Versailles.

Telle est cette courte et magnifique campagne de
1712, où tout, plan et exécution, est admirable,
et qui, par la rapidité des coups frappés, par
l'importance des résultats, mérite d'occuper une
des plus belles pages de notre histoire militaire.
« Si le maréchal de Villars, dit un écrivain, avait
joui de cette faveur populaire qu'ont eue quelques
autres généraux, on l'eût proclamé à haute voix *le
sauveur de la France;* mais on avouait à peine les
obligations qu'on lui avait, et dans la joie publique
d'un succès inespéré, l'envie prédominait encore. »
On alla même jusqu'à lui contester d'avoir lui-même
conçu le plan de la bataille de Denain. Ses envieux
firent courir le bruit que ce furent un curé et un

conseiller au parlement de Flandre qui, se prome-
nant le long des lignes, remarquèrent les premiers
qu'on pouvait les couper. Le conseiller donna cet
avis à l'intendant de la province; l'intendant le fit
passer au maréchal de Montesquieu (comte d'Artagnan), qui le transmit à Villars. Nous ne ferons
pas à nos lecteurs l'injure de réfuter un pareil
conte, dont le plus simple bon sens a bientôt fait
justice. Villars ne s'en préoccupa guère non plus,
si toutefois ce bruit parvint à ses oreilles. Il était
accoutumé à braver les mauvais propos des envieux,
et il se souciait fort peu de ce qu'ils pouvaient dire
dès qu'il était sûr de l'approbation du roi. Et certes,
si jamais il y eut circonstance où il devait compter
sur cette approbation, c'était après la glorieuse
campagne qu'il venait d'accomplir. Aussi c'était
le cœur plein de joie qu'il se présenta à la cour,
s'attendant à la réception la plus affectueuse de la
part de son maître. Malheureusement il avait mal
choisi son jour.

Louis XIV, dont le dépérissement était sensible,
avait eu plusieurs évanouissements dans la journée;
malgré sa faiblesse, il voulut souper en public, et
c'est dans ce moment que Villars se présenta devant
lui; à peine eut-il l'air de reconnaître le maréchal,
et il lui adressa deux ou trois fois la parole, d'un air

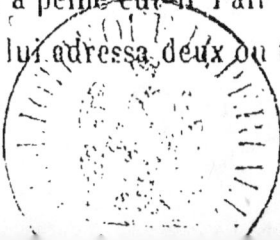

9

distrait et sur des choses indifférentes. Les courtisans jouissaient de cette froideur du monarque, et Villars se repentait bien de s'être présenté ce jour-là ; mais le lendemain il fut amplement dédommagé. Le roi embrassa le maréchal devant toute la cour, et lui répéta plusieurs fois : « M. le maréchal, vous nous avez sauvés tous. » Il fut ensuite nommé gouverneur de Provence, et cette nomination lui fut annoncée par une lettre plus flatteuse encore que cette faveur.

Cependant on commença bientôt à recueillir des fruits solides de la victoire de Denain. L'Angleterre et la Hollande firent leur paix séparée avec la France et l'Espagne ; la Prusse et le duc de Savoie accédèrent à ce traité. Le roi de Prusse gagna la Haute-Gueldre, le duc de Savoie le royaume de Sicile [1], l'Angleterre l'île de Terre-Neuve et la reconnaissance de la succession à la couronne de la Grande-Bretagne dans la ligne protestante ; la Hollande conserva la Flandre espagnole. Moyennant ces concessions, toutes ces puissances reconnurent Philippe v comme roi d'Espagne, et on rendit à la France Lille, Aire, le fort Saint-François et Saint-Venant. Ces traités, et les diverses stipulations qui en furent la suite, ne

[1] Il l'échangea en 1720 contre l'île de Sardaigne, et prit dès lors le titre de roi de Sardaigne.

furent clos et signés que le 11 avril 1713, à Utrecht, où les plénipotentiaires étaient assemblés depuis plus d'un an.

Le traité d'Utrecth mettait enfin un terme à cette malheureuse guerre de succession qui durait depuis douze ans. Il est vrai que l'empereur Joseph Ier, gagné par le prince Eugène qui tenait à se venger de ses dernières défaites, refusa de signer ce traité, et se décida à continuer seul la guerre.

Villars s'attendait enfin à goûter cette année un repos qu'il avait certes bien gagné; déjà il avait donné les ordres à son intendant de se défaire de ses équipages de campagne, quand une lettre du roi l'appelle immédiatement à Marly. C'était pour lui annoncer qu'il avait encore besoin de ses services, et lui donner le commandemennt de l'armée d'Allemagne. Villars partit aussitôt pour Strasbourg, où il arriva le 26 mai. Après avoir inspecté son armée, et s'être rendu compte des forces dont pouvait disposer le prince Eugène, il résolut de tenter une de ces surprises qui lui réussissaient si bien, et qui avaient pour effet de déconcerter l'ennemi.

Le prince Eugène, voyant une bonne partie de l'armée française au-delà du Rhin, s'attendait à être attaqué dans ses lignes d'Etlingen. Pour le confirmer encore davantage dans cette opinion, le 4 juin, à la pointe du jour, Villars fit avancer le marquis d'Asfeld avec un corps de cavalerie considérable vers Radstadt. Le même jour, le maréchal partit lui-même de Strasbourg à l'entrée de la nuit, passa le Rhin à Fort-Louis, et s'avança une lieue sur le chemin de Radstadt, publiant que le lendemain toute l'armée le suivrait. Mais dans la même soirée il repassa le Rhin et se rendit à Lauterbourg, où il avait fixé le rendez-vous de ses troupes.

Alors commença le véritable mouvement qu'il méditait. Il fit prendre la tête au comte de Broglie, avec quinze bataillons, mille grenadiers et dix-huit escadrons. Lui-même suivit avec quarante bataillons, marchant presque toujours à pied à la tête de ses soldats. Cette infanterie fit ainsi seize lieues en vingt heures. Quelques-uns succombaient à la fatigue. « Mes amis, leur disait-il pour les encourager, ce n'est que par la diligence et de telles peines que l'on attrape les ennemis. — Pourvu, répondaient-ils, que vous soyez content, et que nous les attrapions, ne vous embarrassez pas de notre peine : nous avons bon pied et bon courage. »

Tout le pays fut tellement trompé par cette marche rapide, que quand son avant-garde arriva à Spire, les magistrats demandèrent aux premiers Français qu'ils rencontrèrent, si son altesse le prince

Eugène de Savoie voulait loger à l'évêché, prenant nos soldats pour une partie de l'armée impériale, qui aurait passé le Rhin à Philisbourg.

Etant sûr alors que toute communication de Landau avec le Rhin était coupée, il marcha contre cette place dans l'intention d'en faire le siége. C'était là le but qu'il s'était proposé par son rapide mouvement stratégique des 4 et 5 juin. Après s'être emparé de Kaiserslautern et de quelques autres petites forteresses de moindre importance, mais qui eussent gêné ses mouvements s'il les eût négligées, la place fut investie, et la tranchée fut ouverte dans la nuit du 24 au 25 juin. Landau était défendu par douze mille hommes d'élite, sous le commandement du prince Alexandre de Wurtemberg, officier général très-estimé. Après deux mois de siége dont les péripéties n'offriraient rien d'intéressant à nos lecteurs, le 18 août le prince de Wurtemberg demanda à capituler. Villars dit aux officiers qui se présentèrent de sa part : « La première condition de la capitulation que je vous accorderai, c'est que vous serez tous prisonniers de guerre. » Ils se récrièrent et déclarèrent qu'on n'y consentirait jamais : alors on recommença le feu de part et d'autre. Une demi-heure après, un colonel vint encore faire des propositions. « Avant que de les entendre, répondit

Villars, avez-vous pouvoir de traiter de la reddition
de la garnison comme prisonnière de guerre. —
Jamais, répliqua-t-il, M. de Wurtemberg n'y con-
sentira. — En ce cas, reprit le maréchal, retournez
vers M. le prince ; présentez-lui bien mes compliments, et dites-lui que je considère trop son mérite pour ne pas priver quelque temps l'empereur de
ses services et de ceux des braves gens qui dé-
fendent Landau. »

L'opiniâtreté du maréchal finit par triompher, et
le 20 août le prince de Wurtemberg se rendit pri-
sonnier de guerre avec sa garnison, sans restriction.
Cette garnison montait encore à huit mille hommes.
Eugène pendant tout ce siége, ne fit aucune démonstration pour délivrer ou même secourir Landau.
Il est vrai que Villars était maître de tous les passages du Rhin depuis Strasbourg, et que le prince
Eugène eût été obligé, pour passer ce fleuve, de
descendre jusqu'à Mayence, au risque d'abandonner
les positions qu'il occupait, et dont l'armée de réserve des Français se serait aussitôt emparée.

Le siége de Landau n'était pas encore terminé,
que Villars avait déjà médité sur ce qu'il devait
faire après. Il résolut de faire le siége de Fribourg.
Cette fois Eugène sembla deviner ses projets, car
il s'appliqua à fortifier les gorges et les montagnes

par derrière la ville, poste qu'une armée assiégeante devait nécessairement occuper pour empêcher de secourir la place. Il fortifia également les postes en avant, qu'il fallait emporter avant d'arriver en vue de la ville.

Les préparatifs d'un siége de cette importance demandèrent quelque temps. Enfin, tout fut prêt le 16 septembre, et l'armée se mit en marche dans les diverses directions que le maréchal lui avait indiquées. Le comte du Bourg, avec un corps de quarante bataillons, marcha droit sur Fribourg. Villars le rejoignit le 20, à trois heures après midi, au moment où il arrivait au pied de Roscoff.

Le Roscoff est une montagne qui couvre Fribourg. La crête de cette montagne était occupée par le général Vaubonne, avec dix-huit bataillons impériaux. Cette position, déjà formidable par elle-même, était en outre garnie de redoutes fraisées et palissadées, et la gauche de ce retranchement se liait au fort Saint-Pierre, qu'on peut dire imprenable par sa situation. Villars avait donné ordre au comte du Bourg d'attaquer dès qu'il arriverait; mais ce général demandait des pioches, des outils, des fascines. « Rien de tout cela, répondit Villars; des hommes! » Et en même temps il lance toutes ses troupes, et se met lui-même à leur tête. Son cheval ne pouvant

gravir le rocher, il met pied à terre, grimpe soutenu
par quelques grenadiers, et accompagné du duc de
Bourbon, du prince de Conti, du jeune duc de
Richelieu, du prince d'Epinoy, et de beaucoup
d'autres jeunes gens de qualités, vifs et ardents.
« Nous fîmes tous ensemble, dit Villars, un si
violent effort, que les ennemis ne purent tenir. On
en tua beaucoup; on prit deux colonels avec plusieurs drapeaux. Le reste de l'infanterie se jeta dans
Fribourg, et leur cavalerie s'enfonça dans les
gorges. »

Bientôt la tranchée fut ouverte devant la ville.
L'extrême importance de cette place détermina enfin
le prince Eugène à faire une démonstration pour la
délivrer. Villars n'en devient que plus ardent ; ses
batteries tonnent contre les remparts, et bientôt ren-
versent les murailles dans le fossé ; Villars attaque
en personne le chemin couvert, et reçoit dans la
hanche un coup de pierre si violent, que ses habits
en furent percés. Le jeune duc de Richelieu fut
blessé d'une balle à ses côtés. Pendant ce terrible
combat, le prince Eugène était sur les hauteurs de
Hohlgraf ; il y resta un jour entier, et se retira le lendemain.

La ville ne pouvant plus tenir, le gouverneur se
retira dans les châteaux avec une partie de la gar-

nison. Les magistrats de Fribourg vinrent faire leur
soumission à Villars, qui consentit à conserver leur
ville intacte et à la préserver de tout pillage,
moyennant une contribution d'un million qu'ils lui
donnèrent, et à condition aussi qu'on ne tirerait
pas des forts et du château sur la ville, quand elle
serait occupée par les Français.

Le maréchal trouva cinq mille blessés que le gouverneur avait abandonnés à sa merci. Villars lui fit
dire qu'il traiterait ces malheureux avec les égards
dus à leur position, mais qu'il ne pouvait se charger de les nourrir. Le gouverneur répondit que le
maréchal ne pouvait refuser du pain à des chrétiens
tombés en son pouvoir. « Mais, répliqua Villars,
les Français sont aussi des chrétiens, et vous trou-
verez bon que je nourrisse les soldats de mon souverain de préférence à ceux du vôtre. » L'Autrichien
fut donc forcé d'envoyer chaque jour, du château,
les subsistances nécessaires à ces cinq mille hommes.
Enfin, le gouverneur obtint du prince Eugène la
permission de se rendre. La garnison sortit le 20
novembre, avec les honneurs de la guerre; puis elle
déposa ses armes sur les glacis et se rendit prisonnière. Cette importante conquête termina la campagne et la guerre.

CHAPITRE VIII

Suspension des hostilités. — Le maréchal de Villars et le prince Eugène sont chargés de traiter de la paix. — Ils se réunissent à Radstadt. — Leur première entrevue. — Signature des préliminaires de la paix. — Tentative de Villars pour se faire nommer connétable. — Faveurs que le roi lui accorda à son retour à Versailles. — Le roi ne veut pas rétablir la dignité de connétable. Le maréchal ne peut obtenir d'entrer au conseil. — Il reçoit le collier de la Toison-d'or et est nommé membre de l'Académie française. — Il part pour son gouvernement de Provence. — Il apprend en route la maladie du roi et revient à Versailles. — Mort du roi. — Villars est nommé membre du conseil de régence. — Il reprend son voyage en Provence et visite toutes les principales villes de son gouvernement. — A son retour, il visite à Avignon le chevalier de Saint-Georges. — Politique de l'abbé Dubois. — La *quadruple alliance*; opposition de Villars. — Law. — On veut l'impliquer dans la conjuration Cellamare. — Il démontre facilement son innocence. — Au sacre du roi, il est chargé des fonctions de connétable. — Il veut saisir cette occasion pour demander au roi de lui conférer réellement cette dignité. — Le cardinal Dubois s'y oppose. — Philippe V le nomme grand d'Espagne de 1re classe. — Après la mort du cardinal Dubois, il entre au conseil de la guerre et des affaires étrangères. — A la mort du régent, Villars fut nommé conseiller d'Etat avec entrée dans tous les conseils. — Mariage de Louis XV. — Confiance de la reine dans Villars. — Le père de la reine, le roi de Pologne, vient en France. — Son entrevue avec Villars. — Le crédit de Villars sur le jeune roi diminue avec l'influence de la reine.

Le siége de Fribourg n'était pas encore terminé que déjà des pourparlers avaient lieu pour rapprocher les parties belligérantes, et que Louis XIV avait

envoyé à Villars les plus amples pouvoirs pour traiter
de la paix. De son côté le prince Eugène avait reçu
les mêmes pouvoirs de l'empereur Charles vi, de
sorte que ces deux hommes, qui depuis tant d'années combattaient l'un contre l'autre à la tête d'armées ennemies, changeant tout à coup de rôle,
allaient devenir les instruments de la paix [1]. Eugène
proposa à Villars le château de Radstadt pour leurs
conférences. Celui-ci s'empressa d'accepter; ils pri-
rent ensuite par correspondance divers arrangements. Ils fixèrent le nombre d'hommes de garde de
chaque nation attachés à leur personne. « Il ne fut
pas question de cérémonial, dit Villars, il était inutile
entre nous. » Ce qui fut le plus difficile à régler, ce
fut le nombre de gentilshommes qui devraient accompagner les deux principaux personnages. Chacun était
si avide de voir réunis les deux plus grands guerriers
de cette époque, que les demandes se multipliaient
d'une manière embarrassante. Enfin, le prince Eugène écrivit à Villars qu'il ne permettrait qu'à cinq
ou six des principaux officiers de son armée de
l'accompagner; Villars en fit autant de son côté, et

[1] C'est cette pensée qui inspira sans doute l'auteur de la médaille frappée à Nuremberg à l'occasion des conférences de Radstadt. Cette médaille portait les effigies de Villars et d'Eugène en
regard, avec cette légende, OLIM DUO FULMINA BELLI, et sur le
revers, NUNC INSTRUMENTA QUIETIS.

ces préliminaires terminés, ils se rendirent au lieu
convenu. Nous allons laisser Villars raconter lui-
même les particularités de sa première entrevue.

« J'arrivai à Radstadt le 26 novembre à quatre
heures après midi, et le prince de Savoie une demi-
heure après moi. Sitôt que je le sus dans la cour,
j'allai au-devant de lui au haut du degré, lui faisant
des excuses de ce qu'un estropié ne pouvait descendre. Nous nous embrassâmes avec les sentiments
d'une ancienne et véritable amitié, que les longues
guerres et les différentes actions n'avaient pas altérée.
Je le menai dans son appartement, qu'il avait choisi
du côté droit, parce que tout ce qui venait de l'Empire pouvait lui arriver sans passer sous nos yeux;
et le côté gauche avait la même commodité pour
moi. Un quart-d'heure après, le prince vint me
rendre visite; il demeura une demi-heure, retourna
chez lui, où il ne resta que peu de temps, et revint.
« Les visites de cérémonies rendues, me dit-il,
j'avais impatience de rendre celles d'amitié, et j'aurais été bien fâché que vous eussiez pu me prévenir
dans celles-là. Nous sommes trop voisins pour que
je ne cherche pas souvent à en profiter. » Je répondis
comme je devais à des avances si flatteuses. Nous
réglâmes notre journée. Il fut convenu que nous
dînerions alternativement l'un chez l'autre avec les

principaux chacun de notre parti, et qu'il y aurait le soir un jeu dans mon appartement, qui était le plus commode. Ce fut d'abord au piquet, auquel nous substituâmes ensuite un brelan très-médiocre qui se faisait sur les six heures du soir, et quelquefois on soupait ensemble. »

Les négociations s'ouvrirent aussitôt. Les plus grands intérêts furent facilement réglés ; mais ceux de moindre importance donnèrent lieu aux plus vives contestations, et faillirent même plus d'une fois entraîner la rupture des conférences. Ainsi, à l'occasion de la principauté de Limbourg en Flandre, que le roi, sur la pressante sollicitation du roi d'Espagne, s'obstinait à demander pour la princesse des Ursins, le prince Eugène ne put se contenir : « Encore, disait-il, si c'était pour un général auquel il eût d'aussi grandes obligations qu'à vous, je n'en serais pas surpris ; mais pour cette dame, vous me permettrez de vous en marquer mon étonnement ; et si votre maître insiste, nous n'avons plus qu'à nous séparer. » Louis xiv n'insista pas, et les négociations continuèrent.

Ce n'était pas la principauté de Limbourg qui flattait l'ambition de Villars, et son ambition avait un autre but qu'il s'efforça vainement d'atteindre pendant et après les conférences de Rasdtadt. Il s'agissait de l'épée de connétable, qu'il sollicita plusieurs fois par l'entremise de Mme de Maintenon. Mais Louis xiv ne voulut jamais consentir à rétablir une dignité que son père avait supprimée en 1627 après la mort du duc de Lesdiguières.

Enfin les préliminaires de la paix furent signés le 7 mai 1714, et les deux négociateurs se séparèrent après s'être donné de nouvelles assurances d'un attachement sincère.

Villars partit immédiatement pour Versailles. En le voyant, le roi lui dit : « Voilà donc, Monsieur le maréchal, le rameau d'olivier que vous m'apportez? il couronne tous vos lauriers. » — Le roi, dit Villars, m'accorda les grandes entrées, faveur que je prisai beaucoup par la liberté qu'elle me donnait d'approcher en tout temps de sa personne. Sa Majesté joignit à cette grace celle de la survivance de mes gouvernements au marquis de Villars, mon fils. » Mais ce n'était pas encore là ce que désirait Villars, et il n'était toujours point question de l'épée de connétable. Le roi s'exprima enfin un jour sur ce sujet en termes formels à un des amis de Villars, M. de Contades. « Il désire être connétable, lui dit-il, et il sait que je suis résolu depuis que je règne à ne point faire de connétable. — Monsieur le maréchal, répliqua Contades, ne s'est jamais ouvert à moi sur

cette pensée ; mais Votre Majesté me permettra de
lui dire que je la crois persuadée qu'aucun connétable n'a eu plus lieu d'espérer cette dignité. — Je
le crois bien, reprit le roi, puisqu'il y en a eu qui
n'avaient presque jamais vu la guerre. Mais laissons
cela. J'aime véritablement le maréchal, et hors cela
il peut compter sur tout ce qui sera en mon pouvoir. » Contades ne manqua pas de rapporter cette
conversation à Villars, qui se le tint pour dit et ne
parla plus de la connétablie.

Il tenta alors d'entrer dans le conseil ; mais il ne
réussit pas encore ; et ce qui augmenta sa peine,
ce fut de voir nommer chef du conseil des finances
le maréchal de Villeroy, le vaincu de Ramillies.
Il en fit des plaintes amères à Mme de Maintenon et au
roi ; mais ce dernier fut inébranlable, adoucissant
toutefois ces refus constants par la grace de ses discours. Il lui remit le collier de la Toison d'or de la
part du roi d'Espagne, distinction que Louis xiv
avait sollicitée pour lui.

Le maréchal reçut aussi vers la même époque une
distinction à laquelle il ne s'attendait pas. Il fut
nommé membre de l'Académie française. Il parut
fort sensible à cet honneur, et se mit aussitôt à
composer son discours de réception. Il demanda au
roi d'y insérer ce que ce prince lui avait dit avant la

bataille de Denain, sur sa résolution de périr à la
tête de son armée plutôt que de livrer sa capitale à
l'ennemi. La réponse de Louis xiv fut dictée par le
sens exquis qu'il mettait dans toutes ses paroles :
« On ne croira jamais, Monsieur le maréchal, lui
dit-il, que vous parliez sans mon aveu de ce qui s'est
passé entre vous et moi. Vous le permettre et vous
l'ordonner serait donc une même chose, et je ne
veux pas que l'on puisse penser l'un ou l'autre. »
Le discours du maréchal fut fort goûté et devait
l'être. Il se borna à faire en quelques phrases l'éloge
de Louis xiv et celui de la valeur française. Chapelle,
qui remplissait les fonctions de chancelier de l'Académie, fut chargé de répondre au récipiendaire. Il
commença son discours par ces mots : « La fortune
devrait mettre Cicéron à ma place pour répondre à
César ! » De bruyants applaudissements accueillirent
ce peu de mots et interrompirent quelque temps
l'orateur.

Ne pouvant exercer, comme il l'avait espéré, son
activité dans un ministère, Villars se rappela qu'il
avait un fort beau gouvernement qui réclamait ses
soins. La Provence était alors accablée de dettes, et
les finances de la ville de Marseille étaient dans le
plus grand désordre. Villars résolut d'aller par lui-
même s'assurer de l'état des choses, et d'y apporter

les remèdes qu'il jugerait convenables. Il partit donc
pour son gouvernement de Provence, lorsqu'en route
il apprit que l'état de santé du roi donnait des
inquiétudes. Il aimait sincèrement Louis XIV, parce
que ce prince, comme il le répéta souvent, était
dans son intérieur le meilleur et le plus généreux
des maîtres. Il revint précipitamment à Versailles,
et assista aux derniers moments de ce monarque, qui
ne fut jamais plus grand que quand il fallut renoncer
à toutes les grandeurs de ce monde.

« Deux jours avant sa mort, dit Villars, il fit
appeler les premiers de sa cour avec le dauphin ; et,
nous voyant tous assemblés, il nous dit avec ce ton
de dignité et de bonté qui lui était naturel : — Je vous
recommande le jeune roi. Il n'a pas cinq ans : quel
besoin n'aura-t-il pas de votre zèle et de votre fidélité ! Je vous demande pour lui les mêmes sentiments
que vous m'avez montrés en tant d'occasions. Je vous
recommande d'éviter les guerres ; j'en ai trop fait ;
elles m'ont forcé de charger mon peuple, et j'en
demande pardon à Dieu. — En nous congédiant après
cette scène attendrissante, il retint les cardinaux de
Rohan et de Bissy, pour s'entretenir avec eux des
affaires de la religion. Le roi mourut le 1er septembre,
après avoir marqué tous les jours de son agonie par
quelques traits de bonté, de force et surtout de piété. »

Villars fut nommé, par le duc d'Orléans, membre du conseil de régence et président du conseil de guerre; mais, fatigué des intrigues, des jalousies, des cabales qui agitaient la cour du régent, Villars songea à reprendre son projet d'aller visiter son gouvernement de Provence. Après avoir remis ses fonctions de président du conseil de la guerre au duc de Guiche, vice-président, il partit dans le mois de mars 1716.

Il visita toutes les villes principales de son gouvernement, ouvrit en personne les états de Provence, et partout il introduisit des améliorations. A Marseille, il régla les affaires qui troublaient cette ville depuis longtemps, et enfin il termina ses travaux en Provence par l'ouverture d'un canal pour favoriser la navigation du Rhône, et lui donna le nom de *canal de Villars.*

En quittant son gouvernement, Villars se détourna de sa route pour aller à Avignon visiter un prince malheureux et fugitif. C'était le fils de Jacques II, Jacques III, roi d'Angleterre, comme l'appelle encore Villars, mais que l'on ne connaissait dans le monde que sous le nom du Prétendant ou du chevalier de Saint-Georges. Il avait fait plusieurs campagnes dans les armées que commandait Villars, et il avait toujours eu pour le maréchal une vive amitié. Leur entrevue fut longue et touchante. Le malheureux prince était très-inquiet des liaisons que le régent formait avec le roi Georges d'Angleterre, et il répéta à plusieurs reprises qu'il était certain que la reine Anne, sa sœur, avait sincèrement désiré en mourant le rétablir dans ses droits.

A son retour à Paris, vers la fin de juillet, Villars trouva de grands changements dans la politique du régent. L'abbé Dubois s'était mis en tête de renverser les principes que le roi Louis xiv avait établis quand il avait placé son petit-fils sur le trône d'Espagne; principes qui tendaient, comme on sait, à resserrer l'union entre les deux nations gouvernées désormais par l'auguste maison de Bourbon, ce qu'il résumait par ces mots célèbres : « Il n'y a plus de Pyrénées! » Le système de Dubois, connu sous le nom de la *quadruple alliance*, consistait à lier étroitement la France à l'Angleterre, et à l'armer contre les Bourbons d'Espagne, que, pour surcroît d'outrage, on voulait forcer à accéder à cette alliance. Le maréchal d'Uxelles, chef du conseil des affaires étrangères; le maréchal de Villeroy, chef du conseil des finances; le duc de Noailles, le chancelier et le maréchal de Villars, s'opposèrent fortement à ce changement de politique. On ne tint pas compte de leurs observations, et les mesures secrètes prises par l'abbé Dubois éclatèrent quelque temps après.

Ce fut vers cette époque que parut un personnage destiné à jouer un grand rôle et à bouleverser bien des fortunes, en commençant par celle de l'Etat. On a déjà compris que nous voulions parler de l'écossais Law. Voici le portrait qu'en trace Villars : « C'était un homme bien fait de sa personne, né avec de l'esprit, et plein de principes séduisants pour ceux qui croient voir plus clair que les autres dans les matières abstraites, et qui, se confiant dans une certaine vivacité d'esprit, abandonnent souvent les règles solides du bon sens. » Il avait su gagner la confiance du régent, et il chercha à capter celle de Villars, mais il n'y réussit pas.

Jusqu'ici les mémoires de Villars nous ont fourni les récits les plus intéressants et les plus variés, et c'est là que nous avons puisé les matériaux les plus complets sur la vie de ce grand homme. Mais à partir de cette époque, ce n'est plus que la chronique fastidieuse des intrigues de la cour du régent ; et Dieu sait si cette cour fut fertile en intrigues. Le rôle que Villars joue au milieu de ce tourbillon d'événements, est tout à fait secondaire, et même quelquefois effacé, malgré ses efforts pour se mettre en avant. Comme nous n'avons pas à nous occuper ici de l'histoire de ces événements, qui sont connus

de tout le monde, nous ne ferons que mentionner
la part plus ou moins directe qu'il y prit.

On avait voulu l'impliquer dans la fameuse conjuration dite de Cellamare ou du cardinal Alberoni;
conjuration qui fut si fatale au duc et à la duchesse
du Maine; mais le maréchal avait su tenir une
conduite si prudente, qu'il sut résister aux sollici-
tations des divers partis, et il montra presque autant
de dévouement à la personne du régent, qu'il en
avait toujours témoigné à Louis XIV. Par cette conduite adroite, il força le cardinal Dubois, qu'il
avait bravé en plusieurs occasions, à lui faire des
avances auxquelles il ne répondit d'abord qu'avec
la plus grande réserve. Cependant, quand ce cardinal fut élevé au poste de premier ministre, Villars
se montra plus favorable pour lui.

A l'époque du sacre du jeune roi Louis XV, qui
eut lieu le 25 octobre 1722, Villars eut un moment
de grand bonheur. Il fut chargé, comme le plus
ancien des maréchaux de France, de représenter
le connétable à la cérémonie. « Et j'eus la satisfaction, dit-il, d'entendre qu'une grande partie de la
cour, toutes les troupes et le peuple, me souhai-
taient la réalité de la place qu'il remplissait ce jour
là. » Lui-même aurait bien désiré que ce fût une
réalité, et il ne négligea rien pour y parvenir;

écoutons-le : « Le jeune roi me marquait toujours beaucoup de bonté ; et comme, le jour du sacre, il était question à son petit coucher des cérémonies de la journée, je lui dis en peu de paroles ce que j'avais fait connaître au feu roi sur les justes raisons que j'avais eues de prétendre à l'épée de connétable. Il m'écouta avec beaucoup d'attention ; et quand il fut dans son lit, il me dit : « Bonsoir, monsieur le connétable. » Ces paroles durent faire tressaillir de joie le cœur de Villars. Le cardinal Dubois acheva de lui tourner la tête en l'invitant deux fois à dîner chez lui et en lui racontant qu'il avait dit au roi que l'épée de connétable ne pouvait être en de meilleures mains que dans les siennes. Mais le rusé cardinal lui cachait une partie de la conversation qu'il avait eue avec le roi. En effet Louis xv ayant manifesté le désir de donner l'épée de connétable à Villars, Dubois avait réellement dit qu'elle ne pourrait être placée en de meilleures mains, mais il avait ajouté que le roi Louis xiv avait juré de ne jamais rétablir cette haute dignité, et que c'était pour ce motif qu'il avait refusé d'y élever le maréchal. Louis xv ne crut pas devoir aller contre les intentions de son bisaïeul ; et l'affaire en resta encore là pour cette fois. Ce désir d'obtenir le titre de connétable fut une faiblesse que Villars conserva jusqu'à la fin de sa vie.

Le régent chercha à consoler le maréchal en le nommant président d'une commission chargée d'examiner les comptes du département de la guerre, où il s'était commis de grandes malversations. Villars n'ignorait pas que ses envieux l'accusaient d'y avoir pris part; aussi affecta-t-il de répéter : « Pour moi, je ne me suis enrichi qu'aux dépens des ennemis du roi. »

Le 10 juillet 1723, l'ambassadeur d'Espagne vint lui apporter, de la part du roi son maître, une lettre extrêmement flatteuse, dans laquelle Philippe V, après avoir rappelé les services signalés que le maréchal avait rendus aux deux couronnes, déclarait l'élever à la dignité de grand d'Espagne de première classe pour lui et ses descendants. Villars fut très-sensible à ce nouvel honneur qui venait s'ajouter à tant d'autres titres de toutes espèces; mais.... ce n'était pas encore l'épée de connétable!

Le cardinal Dubois mourut quelque temps après (10 août). Cette circonstance augmenta le crédit de Villars; car le régent, qui s'était déclaré premier ministre, le consultait sur tout ce qui concernait les départements de la guerre et des affaires étrangères. Le 2 décembre suivant, le duc d'Orléans mourut subitement, d'une attaque d'apoplexie foudroyante. Le même jour le duc de Bourbon le remplaça comme premier ministre. Ce prince ne montra pas moins de confiance et d'affection à Villars que le duc d'Orléans ; cependant un seul homme voulait s'opposer à son admission au conseil qui fut formé à cette époque, et cet homme était l'abbé de Fleury, évêque de Fréjus, qu'il regardait comme son ami. Ce prélat, qui n'avait encore d'autre titre que celui de précepteur du roi, osa, par une prétention inconcevable, malgré sa modestie et sa modération ordinaires, déclarer en face à un héros qui avait sauvé la France, au doyen des maréchaux, à un duc et pair, qu'il ne s'opposait point à son entrée au conseil, mais qu'il était déterminé à ne point lui céder le pas. Villars se contenta de répondre qu'il n'avait jamais tiré l'épée contre les gens d'Eglise. L'évêque de Fréjus fit ses réflexions, et le soir il déclara au duc de Bourbon qu'il sacrifierait sa prétention au bien de l'Etat et à l'amitié. Cet incident ridicule écarté, Villars fut d'abord nommé membre du conseil d'Etat, qui ne se composait que du roi, du duc de Bourbon, du maréchal et de l'évêque de Fréjus. Dans les derniers jours de l'année (1723), le roi lui ordonna d'entrer dans tous les conseils, aussi bien que dans celui d'Etat. Il prit séance au conseil des finances et à celui des dépêches.

Le journal de Villars, pendant l'année 1724, ne contient que des faits insignifiants : je n'eu citerai qu'un, parce qu'il n'est pas sans quelque rapport avec les événements contemporains, et qu'il montre quelle influence la France exerçait en Orient dans le siècle dernier. « Un courrier dépêché de Constantinople par M. de Bonnac, notre ambassadeur, nous a appris qu'il a fait signer et ratifier la paix entre la Porte, le czar et le sophi de Perse ; que toutes ces puissances ont demandé la médiation du roi de France, et veulent encore qu'un commissaire de sa part règle les limites des trois empires. Le S. Dorion, qui a été employé pour ce traité auprès du czar, a été nommé par Sa Majesté pour cet emploi. Rien ne peut être plus glorieux pour notre jeune roi, ni plus honorable pour son conseil. »

L'année 1725 fut marquée par un événement qui changea la physionomie monotone de la cour et accrut l'importance du maréchal. Nous voulons parler du mariage du roi. La nouvelle reine, sur la recommandation expresse de son père, témoignait les plus grands égards au vieux maréchal et même prenait ses avis sur toutes choses : elle en reçut toujours d'excellents conseils.

Le roi de Pologne vint bientôt visiter sa fille, à Fontainebleau, où se trouvait alors la cour. Dès le lendemain de son arrivée, il invita Villars à venir s'entretenir avec lui. Leur entrevue dura une heure

et demie ; il témoigna à Villars la plus haute considération personnelle. Il n'avait jamais vu Villars ,
mais il le connaissait par ses grandes actions et par
l'estime que faisait de lui le roi de Suède Charles xii.
« Je n'ai vu que ce malheureux roi et vous , dit-il
obligeamment à Villars , que je puisse compter
comme les deux héros de l'Europe. Je me souviens ,
avec dès regrets qui me sont toujours sensibles, de
l'année 1707 , lorsque vous le pressiez de marcher
sur Nuremberg avec son armée qui était en Saxe ,
dans le temps que celle de France n'était qu'à vingt
lieues de cette ville. Que ne suivit-il vos conseils !
cette marche aurait décidé de l'empire et de plusieurs couronnes.

Chaque jour, pendant son séjour à Fontainebleau ,
Stanislas voulut avoir un entretien avec Villars.

Le crédit du maréchal de Villars dura autant de
temps que l'influence de la reine sur l'esprit du roi.

Il prit son parti sur la froideur du jeune roi , et
ne cessa d'assister à tous les conseils, et à donner
son avis avec franchise sur tous les objets en discussion. Le plus souvent , ses avis n'étaient pas écou-
tés , ce qui ne l'empêchait pas de prendre toujours
une part très-active aux délibérations. Quelquefois
il soutenait son opinion avec une telle véhémence,
qu'il crut un jour devoir dire au roi : « Sire , je vois

que je me fais des ennemis par ma chaleur à défendre vos intérêts, sans être sûr que Votre Majesté daigne m'en savoir gré. » Le roi l'en assura par des paroles flatteuses.

C'est dans ces travaux ingrats de la politique qu'il passa huit ou dix années de sa vie. Hâtons-nous d'arriver au moment où nous allons le retrouver tel que nous l'avons vu à Denain et à Fribourg.

CHAPITRE IX

Menaces de guerre. — Faiblesse du ministère. — Langage de Villars aux ambassadeurs des puissances étrangères. — Traité entre la France, l'Espagne et la Sardaigne. — Plan du maréchal. — Le cardinal de Fleury s'en effraie. — Il est adopté par le conseil avec de légères modifications. — Villars est désigné pour commander l'armée d'Italie avec le titre de *maréchal-général de France*. — Son départ de Fontainebleau. — Accueil qu'il reçoit dans les villes où il passe. — Son arrivée à Turin. — Il fait le siège de Pizzighettone et de plusieurs autres villes qu'il prend avec sa rapidité ordinaire. — Villars veut continuer sa marche en avant, le roi de Sardaigne s'y oppose. — Il se rend à Turin pour déterminer le roi à rentrer en campagne. — Mais les ennemis s'étaient fortifiés. — Ils passent le Pô par surprise. — Escarmouche dans laquelle le roi et le maréchal sont exposés. — Celui-ci charge les ennemis avec une ardeur extraordinaire. — Etonnement du roi. — Réponse de Villars. — Villars obtient l'autorisation de rentrer en France. — Il est attaqué d'une maladie qui le force de s'arrêter à Turin. — Sa première pensée est de demander un prêtre. — Sa mort chrétienne. — Jugements sur Villars.

Depuis deux ou trois ans, la guerre menaçait d'éclater; le cardinal de Fleury la redoutait et ne trouvait pour l'écarter que des concessiens à faire tantôt aux unstantôt aux autres. Villars, souffrant de voir le premier ministre d'un roi de France dévorer les affronts que lui faisaient continuellement les ambassadeurs des grandes puissances, prit sur lui de dire un jour dans un repas où le cardinal les avait tous réunis : « Messieurs, toute l'Europe peut croire que M. le cardinal, par sa piété et par un désir tout naturel de préférer les douceurs de la paix aux malheurs de la guerre, en éloigne le roi. Rien ne va assurément dans son cœur avant la piété ; mais après cela, la gloire du roi, celle des Français, le porteront toujours à faire désirer l'amitié du roi à toute l'Europe, et à faire trembler ses ennemis. J'ai vu le feu roi entretenir cinq cent mille hommes, sans compter la marine. Le roi a deux cent trente millions de revenus. J'ai, Dieu merci, mené trois fois les étendards français au-delà du Danube ; et ces mêmes étendards, ou sous moi ou sous d'autres, y retourneront encore toutes les fois que nos amis le demanderont, ou que l'on préférera notre haine à notre amitié. Messieurs les ambassadeurs, mandez ce que je vous dis à vos maîtres : M. le cardinal ne me dédira pas. »

Le cardinal ne le dédit pas en effet, car ces paroles n'étaient pas une vaine bravade : l'Autriche méditait évidemment de s'emparer de tout ce qui avait appartenu à l'Espagne en Italie ; et pour rompre ce dessein, la France venait de conclure un traité qui assurait le Milanais au roi de Sardaigne.

Le maréchal avait conçu un plan très-vaste : il voulait d'abord que l'on occupât l'empereur en Pologne, en y opposant le roi Stanislas à l'électeur de Saxe, son protégé. Le comte Maurice de Saxe, depuis si célèbre sous le nom de maréchal de Saxe, eut à cette occasion plusieurs conférences avec Villars, pour lequel il professait la plus haute estime. Le maréchal proposait en outre d'attaquer les possessions autrichiennes sur le Rhin, pendant qu'une armée combinée, française et espagnole, s'assemblerait sous Turin et pénétrerait dans la Lombardie. A la lecture de ce projet, le cardinal de Fleury s'épouvanta de la grandeur de l'entreprise. Il préférait, selon son usage, apaiser l'Autriche en lui donnant des millions ; mais la majorité du conseil s'étant rangée du côté de Villars, son plan fut adopté, sauf quelques légères modifications.

Le maréchal de Villars fut désigné pour commander l'armée d'Italie. Le ministre de la guerre fut envoyé, par ordre du roi, auprès du maréchal pour lui porter sa nomination et lui faire part des graces extraordinaires qui l'accompagnaient. Le roi lui faisait dire, que ne pouvant rétablir en sa faveur la dignité de connétable, il l'élevait au grade de *maréchal-général de France*, titre dont Turenne seul avait été revêtu, et qui lui donnait le commande-

ment sur tous les maréchaux de France[1]; il le nom-
mait en outre son ambassadeur extraordinaire auprès
du roi de Sardaigne (18 octobre 1733).

Villars était alors dans sa quatre-vingt-unième année; mais en voyant la carrière de la gloire s'ouvrir
de nouveau devant lui, il sembla recouvrer toute
l'ardeur de sa jeunesse. Il partit de Fontainebleau le
25 octobre 1733, pour s'éloigner de cette France
qu'il avait sauvée et qu'il ne devait plus revoir. Il
fut reçu en triomphe dans toutes les villes qu'il tra-
versa. Le peuple s'empressait pour contempler les
traits de ce guerrier d'un autre âge, de l'un de ces
grands capitaines du grand siècle, dont le nom se
mêlait à ceux des Turenne et des Condé; les magistrats venaient le haranguer; le clergé venait à sa rencontre avec croix levée et bannières déployées, invo-
quant les bénédictions du Très-Haut sur son entreprise[2]. Son chapeau était orné des cocardes que lui
avaient données les trois souveraines qu'il allait servir, les reines de France, d'Espagne et de Sardaigne.

[1] On se rappelle que sous le règne de Louis-Philippe, le maréchal Soult, duc de Dalmatie, fut aussi élevé à la dignité de
maréchal-général de France.

[2] C'est à une de ces cérémonies, à Moulins en Bourbonnais,
que fut prononcée la harangue dont nous avons parlé en commençant, et qui fixe d'une manière positive le lieu de sa naissance
que l'on ne connaissait pas encore.

. Arrivé à Turin le 6 novembre, il ne s'y arrêta que
le temps nécessaire pour saluer la reine, et joignit
le 11 le roi de Sardaigne, qui avait déjà commencé
la campagne avantageusement; cependant, comme la
saison était très-avancée, on regardait cette campagne
comme terminée. Mais Villars, ainsi qu'il le disait
gaîment lui-même, était trop vieux pour attendre.
C'est au cœur de l'hiver qu'il entreprend et qu'il
accomplit la conquête du Milanais, du Lodésan et
d'une partie du Mantouan. Il assiégea et prit avec sa
rapidité ordinaire plusieurs places importantes, telles
que Novarre, Tortone, Guerra d'Adda, Pizzighettone
et le château de Milan. Tout cela fut terminé avant
la fin de l'année. On remarqua en plusieurs occasions que jamais il n'avait aussi témérairement ex-
posé sa personne que dans cette dernière campagne.
Un de ses aides-de-camp ayant cru devoir lui en faire
la représentation au siége de Pizzighettone : « Jeune
homme, lui répondit-il, vous auriez raison si j'é-
tais à votre âge ; mais à celui où je suis parvenu, que
puis-je espérer de mieux qu'une mort glorieuse ? »

La conquête du Milanais terminée, Villars voulait marcher avec diligence au pied des Alpes, pour
fermer aux troupes impériales l'entrée de l'Italie;
mais le roi de Sardaigne, satisfait de la conquête du
Milanais dont on lui avait promis la jouissance, crut

qu'il suffisait de s'y fortifier pour s'en assurer la possession. Il distribua les troupes françaises et les siennes dans les villes et les différents postes le long des rivières, du côté où se rassemblaient les troupes impériales, et croyant sa conquête suffisamment garantie, il se rendit à Turin pour les fêtes du carnaval.

Le maréchal avait pour principe d'avancer toujours au-delà de ce qu'on voulait conserver, persuadé qu'il n'y a pas de meilleure manière de couvrir un pays conquis que de conquérir encore plus loin. Villars, désespéré de ce contre-temps, se rendit lui-même à Turin pour remontrer au roi combien l'inaction où l'on restait devenait dangereuse. Il trouva la cour au milieu des fêtes; la reine en donna une en son honneur, et voulut qu'il ouvrît le bal avec elle. Le maréchal se plaignant du fardeau de ses quatre-vingt-deux ans : « Oui, lui dit cette princesse en empruntant les paroles de Louis xiv au grand Condé, cela peut peser, mais moins qu'une forêt de lauriers. »

Cependant sa présence à Turin opéra ce que n'eussent pu faire toutes les dépêches : non-seulement il détermina le roi de Sardaigne à continuer la guerre, il parvint même à l'emmener avec lui à l'armée. Mais le temps perdu, à la guerre surtout,

ne saurait se réparer. Les ennemis, ne se voyant pas
molestés depuis le commencement de l'année 1734,
avaient profité de ce répit pour se fortifier à leur
aise derrière les places qu'on leur avait laissées. Vers
la fin d'avril, ils se présentèrent au nombre de quarante mille hommes sur les frontières du Milanais,
et, malgré les soins et la vigilance du maréchal, à
qui l'âge ne permettait pas une surveillance personnelle, ils parvinrent par surprise à passer le Pô dans
la nuit du 2 mai. Ce mouvement, dont la connaissance avait été complètement dérobée au maréchal et au roi, occasionna une escarmouche dans
laquelle Villars fit, pour ainsi dire, ses dernières
armes.

Dans le dessein d'examiner de près si on ne pourrait pas profiter de quelque fausse manœuvre des
ennemis pour les attaquer, le roi de Sardaigne et le
maréchal s'étaient avancés hors de la vue de l'armée,
avec seulement quatre-vingts grenadiers d'escorte
et les gardes du roi. Tout à coup ils trouvèrent en
tête quatre cents hommes qui firent feu sur eux.
Le roi craignit d'abord que ce ne fût une embuscade,
et parlait sans doute de se retirer, puisque le maréchal lui dit : « Il ne faut songer qu'à sortir de ce
pas. La vraie valeur ne trouve rien d'impossible : il
faut par notre exemple donner du courage à ceux

qui en pourraient manquer. » Aussitôt il charge
avec tant d'ardeur qu'il ébranle les ennemis. Se
voyant si vivement attaqués, ils fuient, et laissent
sur le champ de bataille cinquante morts et trente
prisonniers. « Monsieur le maréchal, lui dit le roi
après l'action, je n'ai pas été surpris de votre valeur, mais de votre vigueur et de votre activité. —
Sire, répondit-il, ce sont les dernières étincelles de
ma vie ; car je crois que c'est ici la dernière opéra-
tion de guerre où je me trouverai, et

« C'est ainsi qu'en partant je lui fais mes adieux. »

En effet, soit besoin de repos, soit chagrin de
voir conduire les affaires autrement qu'on en était
convenu, il avait demandé l'autorisation de retourner en France, et l'avait obtenue. Sans doute le roi
de Sardaigne ne fut pas fâché d'être débarrassé de ses
remontrances, car depuis quelque temps il lui marquait une froideur qui affligeait le vieux guerrier.
Lorsque celui-ci, en prenant congé, lui marqua
son regret de n'avoir pas conservé ses bonnes graces,
au lieu de répondre quelques mots obligeants au
compliment d'un vieillard si digne d'égards, le roi
se contenta de lui dire : « Monsieur le maréchal, je
vous souhaite un bon voyage. »

Il partit du camp de Rozzolo le 27 mai, le cœur

blessé, et déjà frappé de la maladie qui l'arrêta à
Turin. Arrivé dans cette ville, il sentit qu'il ne
pouvait aller plus loin. Comprenant bientôt tout le
danger de son état, il demanda tout d'abord un
ecclésiastique, et lui prenant affectueusement la
main, « Vous voyez, lui dit-il, un vieux soldat qui
comptait plutôt mourir sur le champ de bataille
qu'entre les bras d'un prêtre ; mais Dieu en a ordonné
autrement dans sa miséricorde, afin que je puisse
confesser mes péchés et en obtenir le pardon : que
son saint nom soit béni ! » Mourir sur le champ de
bataille avait en effet toujours été un des rêves de
Villars ; plusieurs fois il avait manifesté ce désir, et
l'on connait cette exclamation qui lui échappa lorsqu'on lui apprit que le maréchal de Berwick venait
d'être tué devant Philisbourg d'un boulet de canon :
« J'avais toujours dit, s'écria-t-il, que cet homme-là
était plus heureux que moi ! »

« Quoiqu'il en fût, il accepta avec une résigna-
tion toute chrétienne la mort telle que Dieu la lui
envoyait. Il eut de fréquents entretiens avec son
confesseur, et en sortant de l'un d'eux, le digne
ecclésiastique dit à haute voix : « Le maréchal de
Villars est aussi bon serviteur de Dieu qu'il l'a été
de ses rois. » C'était en deux mots peindre le caractère de Villars, qui, comme les anciens preux,

n'avait d'autre devise que celle-ci : Dieu et le roi!
religion et patrie!

Ses derniers moments furent adoucis par la nouvelle que Louis XV venait de nommer son fils, le
marquis de Villars, brigadier de ses armées. Il traça
d'une main défaillante quelques mots de reconnaissance envers son souverain, en le suppliant de trouver
bon qu'il osât lui donner encore une fois quelques
conseils sur la conduite de la guerre. Il expira quelques instants après, le 17 juin 1734, dans sa
quatre-vingt-deuxième année.

Villars a été jugé très-sévèrement par ses contemporains, et la postérité seule lui a rendu justice.
« Le panégyrique le plus éloquent de ce grand capitaine, dit M. de Sevelinges, un de ses biographes,
se trouve dans les actions pour ainsi dire innom-
brables qui remplirent sa longue carrière. On aurait
peine à citer un guerrier qui ait assisté à un
aussi grand nombre de siéges et de batailles, qui ait
remporté des victoires aussi décisives que celles de
Stolhoffen et de Denain, et qui ait su aussi bien en
profiter. Une extrême justesse de coup-d'œil, une

profonde prudence dans les mesures, et une promptitude inouie dans l'exécution, forment le caractère
distinctif des talents qu'il fit briller dans toutes les
opérations qu'il dirigea en chef. On ne saurait même
omettre ici une particularité très-remarquable : c'est
que Villars déploya dans plusieurs attaques de places,
les connaissances d'un ingénieur consommé, ainsi
que le prouve le mémoire qu'il composa pour le
siége de Fribourg en 1713, et qui se trouve dans la
Vie du maréchal de Villars par Anquetil [1]; connaissances d'autant plus étonnantes qu'il avait fait
ses premières armes dans la cavalerie. Sa brillante
valeur, sa gaîté intarissable au milieu des dangers
et des privations, le faisaient adorer des soldats et
des officiers subalternes. Il n'en était pas de même
des officiers-généraux et des chefs de corps, qu'il
astreignait à la subordination la plus rigoureuse.
Cette sévérité, et plus encore une jactance naturelle,
peu digne d'un homme qui faisait de si grandes
choses, lui suscitèrent de nombreux ennemis. Il ne
l'ignorait pas, et, loin de chercher à désarmer leur
haine, il mettait son orgueil à la braver. Aussi
est-ce aux préventions et à l'envie dont il fut continuellement l'objet au milieu même de ses triomphes
les plus éclatants, qu'il faut attribuer le peu de

[1] Tome ii, p. 553.

justice qui lui fut rendu par ses contemporains. La trace de cette malveillance subsiste même encore chez les historiens qui ont copié les écrivains du temps; sans prendre la peine d'examiner jusqu'à quel point leurs accusations étaient fondées. Celle qui se trouve le plus souvent répétée représente Villars comme extrêmement avide d'argent et fort peu délicat sur les moyens d'en amasser. Cependant il est un fait notoire que nous avons négligé de rapporter dans le cours de cette histoire : c'est que, voyant la pénurie des finances de la guerre de la succession, il voulut faire à Louis XIV l'abandon des émoluments de tous ses emplois et dignités. C'est encore lui qui, dans la même guerre, touché de la détresse des officiers qui n'étaient point payés de leurs appointements, leur distribua des sommes considérables, en disant, pour ménager leur délicatesse, qu'il reprendrait cet argent sur leur solde, ce qu'il ne fit jamais. »

Le plus acharné de ses détracteurs contemporains est sans contredit le marquis de Saint-Simon; mais quel personnage, même des plus haut placés dans l'estime et dans la vénération publiques par leurs rangs dans la société, par leurs talents ou par leurs vertus, a pu échapper aux traits satyriques de cet écrivain atrabilaire ! Saint-Simon appelle Villars un

enfant de la fortune, et ne craint pas de dire :
« Le nom qu'un infatigable bonheur lui a acquis
pour des temps à venir, m'a souvent dégoûté de
l'histoire. » Est-il possible de porter plus loin le
ressentiment contre une illustration nationale? Forcé
de reconnaître que la gloire de Villars brillera d'un
vif éclat dans l'histoire, malgré les efforts qu'il a
faits pour la ternir, il s'en prend à l'histoire elle-
même, parce qu'elle saura bien un jour discerner la
vérité du mensonge et faire justice de la calomnie.

Mais laissons ces diatribes des contemporains, qui
ressemblent à la voix des *insulteurs* qui s'attachaient
à invectiver le vainqueur à Rome quand il montait
au Capitole. Nous avons représenté Villars, dans tout
le cours de sa vie, avec ses grandes et brillantes
qualités, et aussi avec ses faiblesses qui sont l'apa-
nage de l'humanité. Ajoutons, pour compléter son
portrait, qu'il était d'une taille imposante et d'une
figure majestueuse ; qu'il était doué d'une grande
vivacité et d'une imagination fertile, ainsi que l'at-
testent un nombre immense de lettres, où il traite,
sans efforts, et quelquefois même sur un ton de
plaisanterie tout français, les questions les plus
épineuses.

Terminons enfin par cette appréciation du mérite
réel de Villars, qu'on lit en tête de la notice qui

précède les mémoires du maréchal dans la collection
Michaud et Poujoulat ; nous l'avons lue avec intérêt , et
nous pensons qu'elle plaira également à nos lecteurs.

« Entre tous les grands hommes de guerre que la
France a produits, le maréchal de Villars se dis-
tingue par le rare avantage d'avoir attaché son nom
au salut du royaume et de la monarchie. Quand
Louis xiv expiait dans des revers inouis une prospérité de quarante années, Villars remplaça Turenne ,
Condé, Luxembourg, qui n'existaient plus ; il fit ce
que Catinat lui-même n'avait pu faire, et rejeta loin
des frontières les ennemis qui se croyaient déjà sur
le chemin de Paris. Si la victoire de Denain n'eût
été dans sa vie qu'un accident unique, la jalousie
contemporaine, dont Saint-Simon fut l'organe le plus
amer, aurait pu la lui contester avec quelque appa-
rence de justice ; mais ses insinuations échouent
contre une carrière dans laquelle tous les actes s'en-
chaînent et se confirment l'un l'autre. Quand les
talents et le courage sont certains, la gloire ne
saurait être douteuse. »

Sous le règne de Louis xvi, en 1787 , M. Sénac
de Meilhan fit ériger à la gloire de Villars et aux
frais de l'administration de Bouchain , une pyramide
sur la plaine de Denain. Ce monument fut négligé
et tombait en ruines. En 1823, on érigea à sa

place un obélisque d'une forme quadrangulaire,
destiné à perpétuer le souvenir d'un des plus hauts
faits d'armes du règne de Louis-le-Grand.

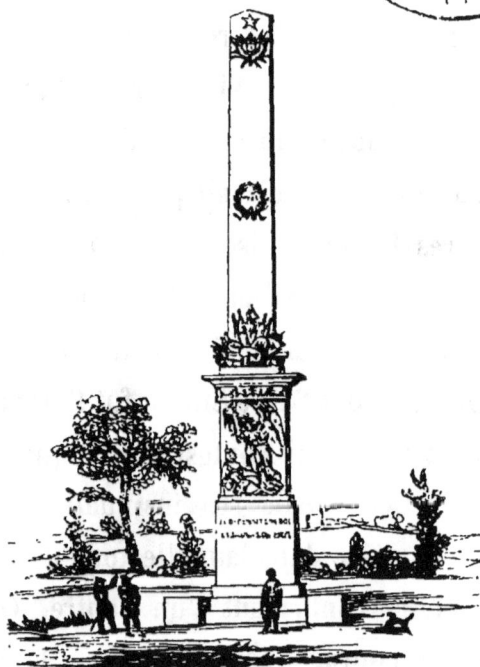

Monument érigé en 1823

TABLE

CHAPITRE I. Famille du maréchal de Villars. - Incertitude sur le lieu de sa naissance. — Son éducation. — Ses projets d'avenir — Son voyage en Hollande et en Allemagne. — Sa première campagne. — Il est nommé cornette des chevau-légers. — Il est envoyé en Espagne pour complimenter le roi. — Villars au siége de Maestricht. — Il sert dans l'armée de Turenne. — Puis dans celle de Condé. — Opinion de ces deux grands généraux sur lui. — Sa conduite à la bataille de Sénef. — Il est nommé colonel. — Il sert dans l'armée du maréchal de Luxembourg. — Ses exploits. — Ses campagnes en Alsace sous le maréchal de Créqui. ·· Prédiction de ce dernier à son sujet. — Paix de Nimègue.   9

CHAP II. Situation de la France à la paix de Nimègue. Mécontentement des puissances voisines. — Louis XIV cherche à les gagner. — Villars est envoyé en mission extraordinaire à la cour de Vienne. — Réception qu'on lui fait à la cour de l'empereur. — Sa liaison avec le duc Maximilien, électeur de Bavière. — Il le détache de la cour d'Autriche. — Son retour à Munich. — Mme de Kaunitz. — Retour de Villars à Versailles, — Il est envoyé en Flandre avec le titre de commissaire général de cavalerie. — Il est fait maréchal-de-camp. — Sa brillante conduite au combat de Leuze. — Mauvais vouloir du ministre Barbézieux contre Villars — Malgré ce ministre, il est nommé gouverneur de Fribourg et du Brisgau. — Il est envoyé à l'armée du Rhin, sous le maréchal de Joyeuse. — Paix de Ryswick. — Maladie de Charles II, roi d'Espagne. — Agitation excitée d'avance pour le partage de sa succession. — Villars est envoyé à Vienne. — Difficulté de sa mission. — Désagréments qu'il éprouve. — Nouvelle de la mort du roi d'Espagne et de son testament en faveur du duc d'Anjou, petit-fils de Louis XIV. — Irritation de la cour d'Autriche. — Embarras de Villars. — Il sollicite et obtient son rappel. — Ses adieux au prince Eugène. — Son retour à Versailles. — Il est envoyé à l'armée de Lombardie. — Son mariage. — Il est envoyé en Alsace, à l'armée de Catinat.   20

CHAP III. L'électeur de Bavière attaché à la cause de Louis XIV pendant la guerre de succession. — Il commence les hostilités contre l'Autriche. — Sa précipitation le met dans une position critique. — Louis XIV envoie à son secours un corps de troupes considérables, dont il confie le commandement à Villars. — Villars passe le Rhin à Huningue. — Bataille de Friedlingen, gagnée sur le prince de Bade. — Courage et présence d'esprit de Villars pendant cette bataille. — Son armée le proclame maréchal de France. — Le roi confirme cette proclamation et l'élève en effet à cette dignité. — Retraite précipitée du prince de Bade. — Motifs qui empêchent Villars d'en profiter pour tâcher de rejoindre l'électeur de Bavière. — Il ramène son armée en deçà du Rhin, où il la met en quartier d'hiver. — Naissance de son fils. — Le maréchal se rend à Versailles; sa réception; paroles remarquables que lui adresse Louis XIV. — Son retour à l'armée. — Siège et prise de Kehl. — Il fait repasser le Rhin à son armée. — Cette manœuvre est critiquée par les courtisans. — Réponse de Villars. — Il franchit de nouveau le Rhin au printemps. — Il pénètre dans les défilés des Montagnes-Noires. — Mollesse des officiers supérieurs. — Courage et ardeur des soldats et des officiers inférieurs. — Conduite de Villars devant Hornbeck. — Il opère sa jonction avec l'électeur de Bavière. — Caractère irrésolu de ce prince. — Projet de marcher sur Vienne, convenu avec l'électeur. — Celui-ci change d'avis au moment de l'exécution. — Avantages qu'aurait offerts ce plan. — Expédition du Tyrol, exécutée par l'électeur. — Après un début heureux, ce prince rentre en Bavière. — Mécontentement de Villars. — Il demande son rappel. — Bataille d'Hochstett.

TABLE   141

gagnée par Villars le 20 septembre 1703. — Cette victoire demeure sans fruits. — Villars obtient enfin son rappel et quitte la Bavière.   33

CHAP. IV. Réponse aux déclamations de quelques écrivains, à propos du rappel de Villars et de son envoi en Languedoc. — Motifs qui déterminèrent Villars à accepter cette commission. — Ses dernières paroles en prenant congé du roi. — Ses rapports avec l'intendant Bàville. — Campagne contre les *camisards*. — Ce que c'étaient que ces camisards. — Plan de conduite du maréchal. — L'un des principaux chefs se soumet et traite avec Villars. — Son exemple entraîne la plupart des chefs et des autres camisards. — L'intervention des Anglais et du duc de Savoie retarde les succès de la pacification. — Villars repousse les ennemis du dehors et termine heureusement la pacification de ceux de l'intérieur. — Villars est rappelé à la cour. — Défaite de l'armée française à Hochstett où Villars avait été victorieux l'année précédente. — Villars au commandement de l'armée de la Moselle pour la campagne de 1705. Il prend position dans le camp de Sirek. — La grande armée alliée, sous les ordres de Marlborough, s'avance annonçant l'intention de l'attaquer. — Après quatre jours passés en présence des Français, les alliés se retirent précipitamment. — Villars poursuit les alliés dans leur retraite et leur enlève Trèves et Sarrebourg. — Il enlève ensuite les lignes de Weissembourg et menace Lauterbourg. — La terre de Vaux, appartenant à Villars, est érigée en duché, et le maréchal prend dès lors le titre de duc (1706). — Villars s'empare de Lauterbourg et d'Haguenau. — Perte de la bataille de Ramillies par le maréchal de Villeroi. — Conséquence de cette défaite pour l'armée de Villars. — Affaiblissement considérable de cette armée, qui l'empêche de rien entreprendre. — Reconnaissance des lignes de Stolhoffen. — Description de ces lignes. — Villars les enlève par un coup de main hardi.   49

CHAP. V. Suite de la prise des lignes de Stolhoffen. — Il met à contribution une partie de la Franconie et de la Souabe, s'empare du duché de Wirtemberg, bat le général James, et lève plus de vingt millions de contributions sur l'Empire. — Discipline qu'il établit dans son armée. — Respect des soldats pour tout ce qui touche à la religion. — Anecdote curieuse à ce sujet. — Projet de Villars de joindre son armée à celle du

roi de Suède. — Ce projet échoue. — On retire les meilleures troupes
de son armée. — Il est obligé de se rapprocher des frontières. — Contributions énormes qu'il ramène avec lui. — Partage qu'il en fait. —
L'ennemi n'ose le poursuivre pendant sa retraite. — Escarmouche près
de Dourlac. — Villars reçoit l'ordre de ramener son armée en deçà du
Rhin. — Il est envoyé en Dauphiné (1708). — Il pénètre dans le Piémont et s'empare de Sézannes. — Siège de Lille. — Avis de Villars. —
Il est négligé. — Prise de cette ville. — Campagne de 1709. — Villars
est nommé au commandement de l'armée de Flandre. — Ses efforts
pour remonter le moral des soldats. — Complet dénuement du trésor
royal. — Paroles du roi à Villars au moment de son départ pour
l'armée.   64

CHAP. VI. Efforts de Villars pour procurer des vivres à son armée. —
Il entre en campagne avec une armée manquant de vivres, mais animée
d'ardeur et de courage. — Il prend position entre Lens et la Bassée —
L'armée alliée, commandée par Eugène et par Marlborough, s'avance
comme pour le combattre. — Après quatre jours passés à examiner sa
position, les ennemis se retirent et vont mettre le siége devant Tournai. — Petites escarmouches. — Prise de Tournai. — Boufflers vient
servir comme volontaire dans l'armée de Villars. — L'armée ennemie
s'approche pour livrer bataille. — Villars se prépare à la recevoir. —
Bataille de Malplaquet. — Blessure de Villars. — Les ennemis restent
maîtres du champ de bataille. — Leur perte est triple de celle des
Français. — L'armée française se retire en bon ordre. — Les alliés
vont faire le siége de Mons. — La blessure de Villars paraît d'abord
dangereuse. — Il se prépare à la mort et se fait administrer. — Belles
paroles qu'il dit à cette occasion. — Sa blessure prend un caractère
moins dangereux. — On le transporte à Versailles. — Marques d'intérêt
que lui témoigne Louis XIV. — Son plan pour la campagne de 1710.
— Il reprend le commandement de son armée. — Insignifiance de cette
campagne. — Villars est obligé d'aller prendre les eaux de Bourbonne.
— Détresse de l'armée au commencement de 1711. — Dénuement des
finances publiques et privées. — Commencements sinistres de l'année
1712. — Paroles mémorables du roi à Villars.   78

TABLE 145

CHAP. VII. Forte position du prince Eugène. —Villars prend la résolution d'attaquer le camp retranché de Denain. — Détails sur cette importante bataille. — Victoire complète des Français. — Suites de cette victoire. — Délivrance des frontières. — Retraite des ennemis. — Accueil que Villars reçoit à Versailles. — Paix d'Utrecht, suite de la victoire de Denain. — L'empereur seul refuse d'accéder au traité. — Villars est envoyé à l'armée du Rhin. — Siége et prise de Landau. — Siége et prise de Fribourg. 91

CHAP. VIII. Suspension des hostilités. — Le maréchal de Villars et le prince Eugène sont chargés de traiter de la paix. — Ils se réunissent à Radstadt. — Leur première entrevue. — Signature des préliminaires de la paix. — Tentative de Villars pour se faire nommer connétable. — Faveurs que le roi lui accorda à son retour à Versailles. — Le roi ne veut pas rétablir la dignité de connétable. — Le maréchal ne peut obtenir d'entrer au conseil. — Il reçoit le collier de la Toison-d'or et est nommé membre de l'Académie française. — Il part pour son gouvernement de Provence. — Il apprend en route la maladie du roi et revient à Versailles. — Mort du roi. — Villars est nommé membre du conseil de régence. — Il reprend son voyage en Provence et visite toutes les principales villes de son gouvernement. — A son retour, il visite à Avignon le chevalier de Saint-Georges. — Politique de l'abbé Dubois. — La *quadruple alliance*; opposition de Villars. — Law. — On veut l'impliquer dans la conjuration Cellamare. — Il démontre facilement son innocence. — Au sacre du roi, il est chargé des fonctions de connétable. — Il veut saisir cette occasion pour demander au roi de lui conférer réellement cette dignité. - Le cardinal Dubois s'y oppose. — Philippe V le nomme grand d'Espagne de 1re classe. — Après la mort du cardinal Dubois, il entre au conseil de la guerre et des affaires étrangères. — A la mort du régent, Villars fut nommé conseiller d'Etat avec entrée dans tous les conseils. — Mariage de Louis XV. — Confiance de la reine dans Villars. — Le père de la reine, le roi de Pologne, vient en France. — Son entrevue avec Villars. — Le crédit de Villars sur le jeune roi diminue avec l'influence de la reine. 106

CHAP. IX. Menaces de guerre. — Faiblesse du ministère. — Langage de Villars aux ambassadeurs des puissances étrangères.—Traité entre la France, l'Espagne et la Sardaigne. — Plan du maréchal. — Le cardinal de Fleury s'en effraie. — Il est adopté par le conseil avec de légères modifications. — Villars est désigné pour commander l'armée d'Italie avec le titre de *maréchal-général de France*. — Son départ de Fontainebleau. — Accueil qu'il reçoit dans les villes où il passe. — Son arrivée à Turin. — Il fait le siège de Pizzighettone et de plusieurs autres villes qu'il prend avec sa rapidité ordinaire. — Villars veut continuer sa marche en avant, le roi de Sardaigne s'y oppose. — Il se rend à Turin pour déterminer le roi à rentrer en campagne. — Mais les ennemis s'étaient fortifiés. — Ils passent le Pô par surprise. — Escarmouche dans laquelle le roi et le maréchal sont exposés. — Celui-ci charge les ennemis avec une ardeur extraordinaire. — Etonnement du roi. — Réponse de Villars. — Villars obtient l'autorisation de rentrer en France. — Il est attaqué d'une maladie qui le force de s'arrêter à Turin. — Sa première pensée est de demander un prêtre. — Sa mort chrétienne. — Jugements sur Villars.   124

FIN.

—⊰ Lille. Typ L. Lefort. 1857. ⊱—

www.ingramcontent.com/pod-product-compliance
Lightning Source LLC
Chambersburg PA
CBHW070755290326
41931CB00011BA/2026